CLICKER

Positives Lernen für Hunde

Karen Pryor

Kynos Verlag

Englische Originalausgabe:
© Ringpress Books Ltd., Lydney, Gloucestershire
Titel der Originalausgabe: Clicker Training for Dogs

Aus dem Englischen übertragen von Viviane Theby

© 2002 KYNOS VERLAG • Dr. Dieter Fleig GmbH
Am Remelsbach 30 • D-54570 Mürlenbach/Eifel
Telefon: 06594/653 Telefax: 06594/452
Internet: http://www.kynos-verlag.de

Gesamtherstellung: Ringpress Books Ltd., Lydney, Gloucestershire

ISBN 3-933228-50-6

INHALTSVERZEICHNIS

EINLEITUNG

Lieber Hundefreund,
willkommen zum Clickertraining. Clickertraining ist nicht etwa eine neue Spielerei oder eine spezielle Methode, die sich wieder irgendjemand ausgedacht hat. Mit Clickertraining ist in der Hundeausbildung das Training über positive Verstärker beim operanten Konditionieren gemeint. Bei diesem operanten Konditionieren lernt der Hund an den Folgen seines Tuns. Anstatt dass etwas mit dem Hund gemacht wird, macht er selbst etwas!

Operantes Konditionieren ist eine der Grundlagen, auf der Tiere in ihrer natürlichen Umgebung lernen; daher können die Prinzipien unter allen erdenklichen Umständen angewandt werden. Die Möglichkeiten für die Hundeausbildung sind gewaltig.

Clickertraining wird inzwischen schon für die Ausbildung von Polizeihunden, von Behindertenbegleithunden und auch von Welpen angewendet, sogar schon vor dem Absetzen. Es ist verbreitet in der Obedience-Ausbildung und beim Agility, bei der Jagdhundeausbildung und in der Fährtenarbeit, zur Vorbereitung der Rassehunde auf eine gute Präsentation im Ausstellungsring und natürlich in Erziehungs-Kursen für unsere Familienhunde und für den Umgang mit dem Hund zu Hause.

WAS IST CLICKERTRAINING?

Beim Clickertraining ist man nicht wirklich auf den Knackfrosch und die Leckerchen angewiesen. Clickertraining beruht auf Verstärkern. Das kann alles sein, was der Hund gern mag (Spielzeug, Streicheln, usw.) und was im Anschluss an ein gut getimtes Signal gegeben wird, damit es zu einem Informationsaustausch zwischen Mensch und Tier kommt. Wir fangen dabei mit Futter als Belohnung an und dem Clicker als Signal, weil das für Sie und den Hund hervorragende Trainingshilfen sind. Zusammen werden Sie mit Ihrem Hund einen neuen Weg der Verständigung lernen.

Alles, was Sie Ihrem Hund beibringen wollen, können Sie trainieren, indem Sie gewünschtes Verhalten verstärken. Wenn der Hund erst einmal verstanden hat, welches Verhalten Sie von ihm möchten, wie Sie es gerne hätten und wann er es ausführen soll, können Sie den Click durch ein Wort ersetzen und das Futter durch ein Streicheln. Ein Wort und die Hand zum Streicheln haben Sie immer bei sich.

Hat Ihr Hund erst einmal ein clickertrainiertes Verhalten erlernt, wird er es sein Leben lang beibehalten, sofern Sie nicht die Regeln ändern. Wenn der Hund mehrere Verhaltensweisen gelernt hat, brauchen Sie nicht mehr jede zu clicken und zu belohnen. Sie können dann den Hund einmal belohnen für eine ganze Reihe korrekt ausgeführter Kommandos. Irgend-

Karen Pryor: Pionier in der Clickertraining-Revolution.
Foto: Michael Nastasi, canisphoto.com

wann werden Sie den Clicker nur noch verwenden, um eine bestimmte Übung zu verfeinern oder dem Hund etwas Neues beizubringen - oder einfach nur, um Spaß mit dem Hund zu haben: Und Clickertraining bedeutet Spaß für Sie beide!

Aber wie fängt man an? Ein erfahrener Clickertrainer könnte Ihnen die ersten Schritte in wenigen Minuten erklären; aber Ausbilder für das Clickertraining sind dünn gesät, und viele von uns müssen es sich selber beibringen. Dieses Buch soll Ihnen dabei helfen. Es wird Ihnen die Fähigkeiten vermitteln, Ihre ersten clickertrainierten Verhaltenweisen bei Ihrem Hund selber zu entwickeln. Wenn Sie Ihre ersten eigenen Erfahrungen mit dem Clickertraining gesammelt haben, werden Sie feststellen, dass andere Bücher oder Videos über Clickertraining mehr und mehr Sinn für Sie machen. Viele tausende Clickertrainer haben mit den Informationen aus diesem Buch erfolgreich begonnen.

Das Quellenverzeichnis in diesem Buch wird Ihnen zeigen, wo Sie nach zusätzlichen Informationen suchen können. Vielleicht werden Sie auch feststellen, dass Sie als frisch gebackener Clickertrainer selber eine Quelle werden für andere Tierbesitzer und Hundeausbilder in Ihrer Umgebung. Genießen Sie das! Es ist ein sehr kreatives Feld, zu dem jeder von uns seinen Beitrag leisten kann.

KAPITEL EINS

EIN HUND UND EIN DELFIN

Training
ohne Strafen

Wenn Sie schon einmal eine Delfinshow in einem Delfinarium oder im Fernsehen gesehen haben, werden Sie den Eindruck haben, dass Delfine wunderbar leicht zu trainieren sind. Auf Kommando vollführen sie alle möglichen sehr präzisen Verhaltensweisen, aufwendigste akrobatische Kunststücke und gemeinsame Übungen mit anderen Delfinen oder auch Menschen. Für das Publikum ist es stets ein Rätsel, wie gut diese Tiere gehorchen und wie intelligent sie doch sein müssen! Wäre es nicht schön, wenn Hunde genauso gut folgen würden? Wir Delfintrainer wissen zu gut, dass Delfine in Wahrheit nicht besonders talentiert sind, und Delfintrainer sind es genauso wenig. Die Geschwindigkeit der Tiere, die Genauigkeit und das sichtliche Vergnügen an der Arbeit beruht alleine auf den Prinzipien, welche die Delfintrainer in der Ausbildung verwenden. Und eben dieselbe Technik kann für Hunde genutzt werden.

KEINE STRAFEN

Das Erste, was man sich in Sachen Delfintraining klar machen muss, ist, dass wir es hier mit Tieren zu tun haben, die man nicht strafen kann. Egal wie wütend man ist - sogar wenn das Tier es darauf anlegt und einen von Kopf bis Fuß nass spritzt - man kann es ihm nicht heimzahlen. Man kann keine Leine benutzen, keine Peitsche und man kann auch kein Tier schlagen, das einfach wegschwimmt. Sie können einen Delfin auch nicht hungern lassen, um ihn zur Mitarbeit zu bewegen. Delfine nehmen ihre Flüssigkeit zusammen mit den Fischen auf, die sie verzehren; gibt man ihnen keine Fische, trocknen sie schnell aus, werden dann völlig appetitlos, bis sie schließlich eingehen. Schließlich und endlich können Sie einen Delfin noch nicht einmal anschreien, weil er sich einfach nichts daraus macht.

Vielleicht denken Sie jetzt: »Ich wette, ich könnte einen Weg finden, einen Delfin zu bestrafen...« und ich wette, Sie könnten das. Das ist jedoch gar nicht nötig, weil Delfintrainer auch ohne auskommen. Ausbilder können alles Mögliche mit

Ein Hund, der über den Clicker ausgebildet ist, arbeitet gerne mit - er ist lernbegierig und liebt es, wenn man ihm etwas zu tun gibt.

einem Delfin erreichen, einfach indem sie folgende positive Verstärker benutzen: das Trillern einer Trainingpfeife und einen Eimer voll Fische. Wir »formen« jedes Verhalten über positive Verstärkung. Wir verwenden positive Verstärkung, um ein sofortiges und genaues Beantworten von Kommandos zu erreichen - und damit erreichen wir den guten Gehorsam. Wir können positive Verstärkung sogar verwenden, um ein Tier zu disziplinieren - um schlechtes Benehmen zu kontrollieren, wenn es z.B. einen Artgenossen angreift oder sich weigert, durch ein Tor zu schwimmen (siehe Seite 22). Dieses anspruchsvolle Verwenden positiver Verstärkung führt zu Tieren, die in einer brillanten Art und Weise arbeiten und ihre Arbeit lieben.

Hunde werden oft noch über Zwang ausgebildet, zum einen, wenn wir ein bestimmtes Verhalten möchten oder wenn wir den Hund für Fehler, die er unvermeidlich macht, korrigieren möchten. Obwohl wir vielleicht auch Lob und Streicheln verwenden, erfährt der Hund während der Ausbildung zwangsläufig einiges an Verwirrung, Furcht und vielleicht auch Schmerzen. Einige Hunde stecken diese negativen Erfahrungen gut weg, aber Delfine als wilde Tiere können das nicht. Wenn Sie einen Delfin auf diese Art und Weise trainieren wollten, würde er vielleicht sogar etwas lernen, aber er würde eine träge, mürrische und unzuverlässige Ausführung der Kommandos anbieten und vielleicht würde er sogar aggressives Verhalten gegenüber Menschen entwickeln. (Erinnert Sie das nicht an manche Hunde, die Sie vielleicht kennen?)

Wenn Sie andererseits einen Hund auf die Art und Weise trainieren wie wir Delfine trainieren - nämlich über positive Verstärkung - wird der Hund genau wie ein Delfin reagieren: Er wird begierig arbeiten, konzentriert, genau, kooperativ und er wird eine fantastische Performance bieten. Und hier erfahren Sie, wie Sie das erreichen.

EIN MAGISCHES SIGNAL
Wenn ich mit Hundeausbildern spreche, kommt immer wieder das Missverständnis auf, dass positive Verstärkung einfach nur »Leckerchen« bedeutet. Dem ist nicht so. Der entscheidende Faktor für diese hervorragenden Leistungen von Delfinen ist nicht die Futter-Belohnung. Der Delfin arbeitet nicht für den Fisch, er arbeitet für die Pfeife. Das Trillern der Pfeife ist das magische Signal, das diese toll ausgeführten Verhaltensweisen hervorbringt.

Der erste Schritt in der Ausbildung eines Delfins ist der, dass ihm beigebracht wird, dass er immer einen Fisch bekommt, wenn er die Pfeife hört. Hat er dann verstanden, dass das Trillern bedeutet »Jetzt gibt es Fisch!«, kann der Ausbilder die Pfeife verwenden, um ein gewünschtes Verhalten zu markieren. Schrittweise entwickelt oder formt er so immer komplexere Sachen, und schließlich auch die Ausführung eines Verhaltens auf ein Kommando.

Stellen Sie sich zum Beispiel vor, ein Delfin hört immer wieder die Pfeife (und bekommt anschließend den Fisch), wenn er zufälligerweise durch die Luft springt. Er wird dann ganz schnell jedes Mal springen, sobald der Trainer in der Nähe ist. Als Nächstes wird er feststellen, dass Springen nur »funktioniert«, wenn der Trainer mit erhobenem Arm steht. So wird der erhobene Arm in diesem Fall zu einem grünen Licht für das Springen.

Nach und nach kann der Ausbilder auf diese Art und Weise andere Bedingungen einführen. So führt der Sprung z.B. nur dann zu einem Click mit Belohnung, wenn die Richtung vom Trainer weg und in Richtung Publikum ist; wenn er höher als 1,5 Meter ist; wenn er innerhalb von 3 Sekunden erfolgt, nachdem der Trainer den Arm gehoben hat, usw. Nach nur wenigen Übungseinheiten hat der Trainer dem Delfin beigebracht, sich auf Kommando vor dem Publikum zu verbeugen. Und auch der Delfin hat den Ausbilder trainiert: »Ich brauche nur einen bestimmten Sprung zu machen, wenn er den Arm hebt, und er gibt mir jedes Mal sofort einen Pfiff mit der Trillerpfeife und einen Fisch!«

Sie werden bemerkt haben, dass die Pfeife nicht als Kommando dient. Sie sagt dem Delfin nicht, dass er ein bestimmtes Verhalten zeigen soll - das macht das Handsignal. Mit der Pfeife zeigt der Trainer während oder am Ende des Verhaltens, dass es ihm gefallen hat und dass sich der Delfin einen Fisch dafür verdient hat. (Man braucht sich auch nicht auf Futter zu versteifen. Man kann einen konditionierten Verstärker, wie der Clicker auch genannt wird, auch mit Streicheln verknüpfen oder mit einem Spiel oder auch einer erneuten Chance zu arbeiten.)

In diesem Fall ist die Pfeife der konditionierte Verstärker. In der Sprache der Psychologen sind Futter, Streicheln oder andere angenehme Dinge unkonditionierte Verstärker. Das bedeutet, das Tier mag sie auch ohne Training. Die Pfeife, ein konditionierter Verstärker, hat das Tier erst gelernt zu mögen. (Einige Leute sagen zu Futter auch »primärer Verstärker« und die Pfeife ist dann der »sekundäre Verstärker«. Ich vermeide diese Begriffe, weil ich die Erfahrung gemacht habe, dass die Leute dann glauben, zuerst müsste das Futter kommen, weil es »primär« heißt und dann erst die Pfeife. Dadurch würde sie natürlich bedeutungslos für das Tier und damit als Trainings-hilfsmittel ungeeignet.)

WORAUF ES ANKOMMT
Was würde passieren, wenn Sie einem Delfin auf Kommando einen einfachen Sprung von Ihnen weg beibringen würden, ohne die Pfeife? Erst einmal könnten Sie dem Delfin den Fisch nicht genau dann zukommen lassen, wenn er sich mitten im Sprung befindet. Also bekäme der Delfin entweder einen Fisch, unabhängig davon, was für einen Sprung er zeigen würde, oder aber keinen. Sie hätten keine Möglichkeit, dem Delfin klarzumachen, warum Sie den einen Sprung belohnten, den anderen jedoch nicht. Sie könnten ihm auch nicht sagen, was Ihnen an dem Sprung gefallen hat. War es die Höhe? Oder vielleicht die Art, wie er abgesprungen oder gelandet ist? Um dem Delfin auf diese Art und Weise einen Sprung beizubringen von einer gewissen Höhe, zu einer bestimmten Zeit und in eine bestimmte Richtung, müssten Sie viele, viele Wiederholungen durchführen, bis Fehler durch Versuch und Irrtum ausgeschlossen wären. Außerdem könnten Sie glück-lich sein, wenn das Tier (oder auch der Trainer!) nicht die Lust verliert, bevor diese Übung korrekt und zuverlässig gelernt ist.

Dieser Mangel an Information bewirkt, dass ein Trainer, der Futterbelohnung in der Ausbildung verwendet, ohne den konditionierten Verstärker zu benutzen, typischerweise bei einem Tier erreicht, dass es eifrig mitarbeitet, jedoch langsam lernt. Das sieht man häufig bei Hunden, die mit vielen Leckerchen belohnt wurden ohne irgendein klares Signal,

Das Training mit Leckerchen ist immer effektiv; jedoch ohne die Verwendung eines sekundären Verstärkers wie den Clicker könnte es sein, dass der Hund zu gierig nur nach dem Futter guckt.

welches Verhalten es nun eigentlich war, dass das Leckerchen verdiente. Solche Hunde scheinen oft sehr enthusiastisch und freundlich zu sein, doch sie wissen nichts.

Wenn ein Ausbilder ohne konditionierten Verstärker Futter verwendet, wird das Tier wahrscheinlich ständig bei dem Trainer nach Futter betteln. Pferde hängen mit der Nase in Ihren Taschen und Hunde lecken Ihre Hand. Delfine schwimmen im Trainingsbecken herum und schauen ständig nach dem Eimer mit Fischen. Außerdem würde es sehr schwierig sein einem Delfin beizubringen, von dem Trainer weg in Richtung Publikum zu springen, wenn er den Trainer ständig anguckt.

Haben Sie den konditionierten Verstärker jedoch erst einmal eingeführt, können Sie mit der Pfeife ein Verhalten markieren, das in einiger Entfernung zu Ihnen gezeigt wird oder bei einem Tier, das gerade in die andere Richtung guckt und Sie werden keinerlei Probleme haben. Anstatt immer nach einem Happen zu betteln, wird ein gut konditioniertes Tier seiner Arbeit nachgehen. Dabei wird es jedoch immer aufpassen, diesen magischen Ton zu hören, egal was es gerade tut.

Bei Pferden und Hunden ist schon allein das ein sehr großer Pluspunkt in der Ausbildung.

Weil mit der Pfeife ein wirklich punktgenaues Markieren eines bestimmten Verhaltens möglich ist, dient sie dazu, dem Tier mitzuteilen, was der Ausbilder gerne hätte. Damit kann man dem Tier schrittweise ganz klar und verständlich vermitteln, was man möchte. Nehmen wir ein Beispiel: Der Delfin hat gelernt: »Springe in diese bestimmte Richtung!«, was Sie dadurch feststellen, dass er fast immer in diese Richtung springt, wenn Sie das Signal geben. Jetzt können Sie an einem weiteren Detail arbeiten. »Ab jetzt werden nur noch die höheren Sprünge verstärkt!« Und schon bald hat der Delfin diese neue Regel gelernt: »Ich muss in diese Richtung und in dieser bestimmten Höhe springen.«

Obwohl dieses schrittweise Vorgehen sehr umständlich zu sein scheint, schafft man es damit in der Praxis sehr schnell, dem Tier sogar kompliziertere Verhaltensweisen beizubringen. Ein Trainer kann auf diese Art und Weise sogar einen völlig untrainierten Delfin in zwei oder drei Tagen sensationelle und sehr spezifische Verhalten auf Kommando zeigen lassen, wie z.B. die Verbeugung zum Publikum, die ich zuvor schon beschrieben habe. Manchmal, wenn alles gut klappt, schafft er das sogar in einer einzigen zwanzigminütigen Übungseinheit. Mir ist es in meiner Zeit als Delfintrainerin oft in einer einzigen Session gelungen, ein Verhalten »einzufangen«, es zu etwas Besonderen zu formen und unter Kommando zu setzen. Dasselbe schafften auch viele andere Delfintrainer.

JETZT ZU DEN HUNDEN
Diese Erfahrungen, die ich Ihnen hier vom Delfintraining beschrieben habe, können Sie mit Ihrem Hund in einem kurzen zehnminütigen Experiment auch machen, indem Sie einen konditionierten Verstärker benutzen. Einige Hunde haben Angst vor der Trillerpfeife. Ein sehr handlicher konditionierter Verstärker für Hunde ist der Clicker, ein kleines Kästchen mit Metallblättchen, das click-click macht, wenn man darauf

Wenn Sie nach dem Clicken beobach- ten, wie Ihr Hund aufmerksam guckt, wo denn sein Leckerchen bleibt, wissen Sie, dass dieses Signal zu einem konditio- nierten Verstärker geworden ist.

drückt. Man bekommt sie in vielen Tierfachgeschäften oder auch aus dem Internet (siehe Seite 111).

Nehmen Sie sich also einen Clicker und einige Leckerchen. Die Leckerchen sollten so klein sein, dass Sie dem Hund ruhig 15 oder 20 davon geben können, ohne dass Sie ihn voll stopfen. Einige Hunde arbeiten für Trockenfutter, besonders wenn Sie kurz vor ihrer normalen Futterzeit üben. Normaler- weise ist es jedoch besser, wenn Sie es mit etwas Verlocken- derem versuchen.

Um dem Hund die Bedeutung des Clickers klar zu machen, clicken Sie und geben ihm ein Leckerchen. Machen Sie das vier- oder fünfmal an verschiedenen Orten, damit der Hund nicht die verrückte Idee bekommt, das Ganze funktioniert nur an einer bestimmten Stelle.

Dann clicken Sie mal und warten einige Sekunden mit dem Leckerchen. Wenn der Hund aufschaut, wo denn sein Leckerchen bleibt, wissen Sie, dass der Clicker zu einem konditionierten Verstärker geworden ist. Jetzt können Sie Ihr erstes Verhalten aufbauen. Wir nennen das »formen« (aus dem Englischen »shaping«).

EIN VERHALTEN FORMEN

Ein einfaches Verhalten, das man formen kann, ist »Fang deinen Schwanz«. Natürlich gibt es so viele Möglichkeiten, dieses Verhalten zu trainieren, wie es Trainer gibt, die sich etwas ausdenken können: Man könnte den Hund an seinem Halsband fassen und im Kreis führen. Man könnte auch etwas Schmierwurst auf seine Schwanzspitze streichen, damit der Hund sich im Kreis dreht, um sie abzulecken. Hier zeige ich Ihnen nun eine Möglichkeit, dieses Verhalten zu formen, ohne dass Sie dem Hund Hilfestellung geben.

Hören Sie auf zu clicken und warten Sie einfach. Wahrscheinlich wird Ihr Hund inzwischen neugierig und aufgeregt sein. Wenn Sie jetzt gar nichts machen, wird er sich wahrscheinlich irgendwie bewegen, wahrscheinlich wird er auch fiepen oder bellen. In dem Augenblick, in dem sich der Hund zufällig nach rechts bewegt oder sich nach rechts dreht, clicken Sie. Geben Sie dann die Belohnung.

Warten Sie wieder. Ignorieren Sie alles, was Ihr Hund macht, es sei denn, er bewegt sich nach rechts (Erwarten Sie dabei keine Wunder. Ein leichtes Drehen des Kopfes oder ein kleiner Schritt mit einer Vorderpfote nach rechts, ist alles, was wir brauchen). Wenn es Ihnen gelingt, eben genau dieses Verhalten »einzufangen« - wenn Ihr Timing also gut ist - werden Sie nach drei bis vier Verstärkungen feststellen, dass sich Ihr Hund immer weiter und immer öfter nach rechts dreht.

Jetzt brauchen Sie auch nicht mehr jeden Schritt nach rechts zu verstärken. Sie belohnen den Hund nur noch, wenn er mehrere Schritte nach rechts macht, vielleicht, dass es schon für eine Viertel-Drehung reicht. Und aus einer Viertel-Drehung kann sich ganz schnell eine vollständige Drehung ergeben.

EIN VERHALTEN FORMEN

Hier lernt *Griff*, sich im Kreis zu drehen. Er wird für jede richtige Bewegung geclickt.

Das ist dann auch der richtige Zeitpunkt, diese erste Übungssequenz zu beenden. Wenn es am Schönsten ist, sollte man aufhören, lautet die goldene Regel. Legen Sie den Clicker weg, nachdem Sie den Hund in den höchsten Tönen gelobt haben. Versuchen Sie es am nächsten Tag noch einmal. Beginnen Sie wieder mit nur einem Schritt, dann eine Viertel-Drehung und so weiter. Es wird bei diesem zweiten Mal viel schneller gehen. Nach einer Drehung ist das nächste Ziel, dass der Hund zwei Drehungen macht. Der nächste Schritt, der dann kommt, ist ein ganz wichtiger. Sie müssen jetzt für Abwechslung sorgen, indem Sie manchmal eine halbe Drehung belohnen, dann zwei Drehungen, oder eine, drei vollständige Drehungen oder nur eine und eine viertel, usw. Das macht es für den Hund spannend. Wenn der Hund verstanden hat, was von ihm erwartet wird, können Sie ein Handsignal oder ein Wort-Kommando einführen, damit er seinen »Trick« nur zeigt, wenn er danach gefragt wird.

Das ist natürlich nur ein witziger Trick und nichts Anspruchsvolles. Es gibt noch andere Verhaltensweisen, die man üben könnte, wie z.B. das Targettraining (target: englisch Ziel), bei dem Sie dem Tier beibringen, irgendeinen Gegenstand mit der Nase zu berühren. (Trainer von Seehunden lehren ihre Tiere zunächst, die geschlossene Faust zu berühren. Damit ist es ihnen möglich, den Seehund hinzuführen, wo immer sie wollen, einfach, indem sie die Faust auf den Boden, in die Luft oder über eine Kiste halten. So brauchen sie keine Gewalt anzuwenden.) Der eigentliche Zweck dieses Experimentes ist es nicht, dem Hund den Trick beizubringen, sondern Ihnen zu zeigen, wie Sie mit einem konditionierten Verstärker ein Verhalten formen können, und um Ihnen zu zeigen, wie effektiv diese Art von Verständigung sein kann.

WARUM SOLL MAN DEN CLICKER BENUTZEN?

Warum soll man nun aber den Clicker benutzen? Warum kann man nicht einfach seine Stimme als konditionierten Verstärker nehmen, z.B. mit den Worten »gut gemacht«? Der Hauptgrund ist der, dass Sie ein Wort nicht so auf den Bruchteil einer Sekunde genau aussprechen können, und Sie erreichen nie die Genauigkeit, die Sie mit dem Clicker erreichen können. Mit dem Clicker und ein klein wenig Übung können Sie sehr feine Bewegungen (wie z.B. einen Schritt nach rechts) genau im richtigen Moment verstärken. Ein Lobwort ist da zwangsläufig etwas »schwammig«, weil es zu lange braucht. Außerdem ist der Click auch Information für Sie. Er lehrt Sie gutes Timing, weil Sie feststellen werden, wann Sie zu früh oder zu spät geclickt haben. Diese Unterscheidung können Sie mit einem gesprochenen Wort nur sehr schwer anstellen.

Die zweite Schwierigkeit mit einem Wort ist die, dass wir ja auch in Anwesenheit unserer Hunde sprechen oder sogar mit ihnen sprechen, wenn wir sie nicht gerade belohnen. Es ist für den Hund sehr schwer zu unterscheiden, welche Wörter aus diesem ganzen Schwall, der immer auf ihn einströmt, nun für ihn Bedeutung haben und welche nicht. Der Clicker gleicht jedoch keinem anderen Geräusch in der Umgebung des Hundes. Daher ist seine Bedeutung kristallklar. Sie werden den Unterschied sehr deutlich sehen, wenn Sie sich ansehen, wie der Hund auf den Clicker und wie er auf ein gesprochenes Wort reagiert. Im ersten Fall ist das wohl am ehesten mit einer elektrisierten Aufmerksamkeit zu beschreiben. Der Hund ist total gefesselt. Auf »gut gemacht« reagiert er eher nach dem Motto: Was? Oh - lächeln, wackeln mit dem Schwanz.

DAS WAHRE LEBEN

Nun, ich habe schon Hundeausbilder gehört, die sagten, dass der Clicker ganz gut sei für Tricks, aber sonst für nichts - man kann ihn z.B. nicht in einer Unterordnungsprüfung benutzen. Natürlich kann man das nicht, man braucht es aber auch gar nicht. Das Besondere des Clickers liegt im Formen neuer Verhaltensweisen oder im Auffrischen einiger Details. Man braucht ihn nicht zum Vorführen von Dingen, die das Tier be-

Ist ein Verhalten erst einmal antrainiert, muss es nicht andauernd verstärkt werden.

reits gelernt hat. Aber sogar bei einem sehr erfahrenen Hund, sogar einem Champion, kann der konditionierte Verstärker gute Dienste leisten. Ein Wettkampfteilnehmer erzählte mir, dass er seiner Dobermann-Hündin zunächst beibrachte, den Clicker zu verstehen und sie dann damit verstärkte, wenn sie ihn während der Arbeit anschaute anstatt in die andere Richtung zu schauen. »Es kam mir wirklich vor, als wäre sie sehr dankbar für diese Information. Es wurde ihr dadurch klar, was sie bisher noch nicht ganz verstanden hatte«, sagte er. Wenn der Hund dann verstanden hat, was von ihm erwartet wird, wird er es natürlich auch in der Prüfung zeigen, ohne irgendwelche Clicks.

Glauben Sie jedoch bloß nicht, dass Leute nie einen konditionierten Verstärker während eines Wettkampfes benutzen. Der Trainer braucht dafür ja nur ein Signal einzuführen, was nur der Hund wahrnehmen kann und sonst keiner. Ich kenne einen sehr begeisterten Unterordnungstrainer, der ein kaum hörbares Nasehochziehen als konditionierten Verstärker verwendet. Ich habe auch einmal eine Wettkampfteilnehmerin gesehen, die ihrem Hund übermittelte »super gemacht« (was man schön an dem überglücklichen Gesicht des Hundes sah),

Futter, Futter, Futter! Der Hund genießt das, jedoch macht das Ganze keinen sehr schönen Eindruck.

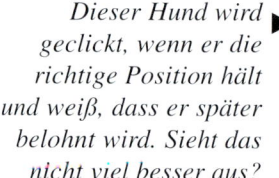

Dieser Hund wird geclickt, wenn er die richtige Position hält und weiß, dass er später belohnt wird. Sieht das nicht viel besser aus?

einfach indem sie den Kopf des Hundes mit dem Finger berührte. Eine mir bekannte Hundesportlerin brachte ihrem Hund Rex bei, dass Leckerchen »Billy« heißen. Damit kann sie dann in der Prüfung den Hund für ein sehr gutes Verhalten - z.B. ein sauber ausgeführtes Rückrufkommando - belohnen, indem Sie einfach sagt »Billy, bei Fuß!«, was dann klingt wie ein Kommando. Niemand fragt danach, warum sie nicht den richtigen Namen des Hundes in der Prüfung benutzt.

Ist ein Verhalten erst einmal gelernt, erlaubt einem der konditionierte Verstärker nicht nur, die Futtergabe hinauszuzögern, ohne dass die Qualität der Ausführung nachlässt, man gibt auch insgesamt immer weniger Futter. Dann brauchen Sie sich auch keine Sorgen mehr zu machen, ob das Tier nicht etwa satt ist, bevor die Aufgabe beendet ist. Ein Beispiel: Auf Hundeausstellungen habe ich schon oft Hundehalter gesehen, die ihren Hund mit Leckerchen köderten und fütterten, um ihn in eine schöne Position zu bekommen oder einen aufmerksamen Ausdruck zu erreichen. Immer, wenn ich sehe, dass ein Stück Futter nach dem anderen die Hundekehle abwärts rutscht, weiß ich sofort, dass diese Person nichts von konditionierten Verstärkern versteht! Es wäre viel effektiver, die Stellung des Hundes zu formen, ein Wort-Kommando einzuführen und dann den Hund mit einem Click zu verstärken, wenn er die richtige Position eingenommen hat und diese dann für eine genügend lange Zeit beibehält. Die Futterbelohnung würde er dann später außerhalb des Ringes bekommen oder dann, wenn der Richter weitergegangen ist.

Der Vorteil eines konditionierten Verstärkers ist der, dass er nicht nur in allen möglichen Situationen funktioniert - er übermittelt nämlich Information und beeinflusst das Verhalten des Tieres - wenn wirkliche Verstärker nicht nur unerwünscht sind, sondern auch, wenn diese unmöglich sind. Überlegen Sie sich z.B. einmal, wie nützlich ein einfacher konditionierter Verstärker sein könnte bei Übungen wie der Geruchsunterscheidung, beim Fährten, bei Sitz- und Platz-Bleib-Übungen, beim Vorausschicken, beim Vorstehen und Aufscheuchen von Vögeln und allen möglichen anderen Übungen in der Hundeausbildung, bei denen der Hund in einiger Entfernung zu Ihnen arbeiten muss.

WIE KANN MAN UNERWÜNSCHTES VERHALTEN KONTROLLIEREN?

Es mag unlogisch erscheinen, dass man ein unerwünschtes Verhalten mit positiver Verstärkung anstelle einer »Korrektur« in den Griff bekommen will, aber Delfintrainer haben dafür mehrere Möglichkeiten. Hier sind drei Beispiele:

1. Das Einführen eines konditionierten negativen Verstärkers
Das muss nicht ein Signal mit der Bedeutung »Ich werde dich gleich schlagen« sein, es genügt eines, das bedeutet »Nein, ich werde dich nicht belohnen.« Das zeigt dem Tier dann,

Zeigt Ihr Hund ein unerwünschtes Verhalten, wie z.B. das Anspringen, müssen Sie deutlich machen, dass Sie dieses Verhalten nicht verstärken.

Hat er jedoch alle vier Füße auf dem Boden, wird er belohnt.

dass ein bestimmtes Verhalten, das es gerade ausführt, sich nicht lohnt. Sie könnten z.B. einfach Ihrem Hund den Rücken zudrehen. Das Tier lernt damit schnell, dass es besser etwas anderes tut, wenn es dieses »rote Licht« oder »Falsch«-Signal bekommt. Sie können ein solches Signal z.B. verwenden, wenn Sie dem Hund beibringen wollen, einen bei der Begrüßung nicht anzuspringen, sondern seine Pfoten auf dem Boden zu lassen für ein Streicheln als Verstärker.

2. Ein positiver Verstärker zum Training eines Verhaltens, das mit dem unerwünschten unvereinbar ist

In unseren Delfinshows im Sea Life Park fing ein Tier an, die Schwimmerin zu schikanieren, die in der Show auftrat. Anstatt der Schwimmerin eine Schreckschusspistole zu geben (oder eine andere Möglichkeit zu strafen), trainierten wir den Delfin, unter Wasser für die Trillerpfeife und den Fisch einen Hebel zu bedienen. Das Tier sollte diese Übung ausführen, wenn die Schwimmerin im Wasser war. Der Delfin konnte nicht zur gleichen Zeit den Hebel drücken und die Schwimmerin belästigen. Beide Verhaltensweisen sind unvereinbar (und wahrscheinlich war das Hebeldrücken lohnender, denn das Schikanieren der Schwimmerin hörte auf). Diese Technik verwenden Sie, wenn Sie Ihrem Hund beibringen, sich während den Mahlzeiten in die Tür zum Wohnzimmer zu legen, damit er nicht am Tisch betteln kann.

3. Die Auszeit

Manchmal macht ein Delfin etwas wirklich Schlimmes, z.B. wenn er Aggression zeigt (indem er seinen Kopf oder seine Zähne in Richtung der Trainerhand schwingt). In genau dem Augenblick, in dem das passiert, dreht man sich um, sammelt seine Trainingsutensilien und den Eimer mit Fischen ein und geht für eine ganze Minute weg. Das bedeutet das Ende von allem Vergnügen. Der Delfin wird wahrscheinlich seinen Kopf entsetzt aus dem Wasser strecken: »Hey, was hab' ich getan?« Nach einigen Wiederholungen wird er lernen, auf seine Manieren zu achten. Mit den Hunden könnte man es wieder genauso machen: Packen Sie einfach Clicker und Leckerchen demonstrativ weg und beenden Sie den Spaß.

Mit Hilfe der Auszeiten gelingt es den Trainern in Delfinarien, die Aggression gegen Taucher zu beenden, und das sogar bei so sehr dominanten Tieren wie z.B. ausgewachsenen männlichen Killerwalen. Man muss allerdings beachten, dass diese Technik sehr stressend für die Tiere ist und daher nur sehr sparsam verwendet werden darf.

GEISTIGE FÄHIGKEITEN

Über Verstärker zu arbeiten ist für einen Ausbilder sehr anstrengend, weil es ihn dazu zwingt, zu denken. Oh nein, wie schrecklich! Es ist ja so viel einfacher, einfach irgendwelchen Regeln zu folgen, die sagen: Wenn der Hund in der Wohnung ein Pfützchen macht, tunke seine Nase hinein, oder wenn der Hund nicht richtig bei Fuß geht, rucke an der Leine. Wenn

BELOHNUNGEN

Beim Clickertraining hat Ihr Hund immer wieder die Chance zu gewinnen. Hier lernt die Rottweilermischlings-Hündin Mich, ein Leckerchen auf der Nase zu balancieren.

Click! Mich wird belohnt für dieses korrekte Verhalten: Sie darf das Leckerchen schnappen.

man jedoch überlegt, was man verstärken kann, wird man ein besserer Ausbilder. Und dadurch, dass man sich auf das perfekte Timing der Verstärker konzentrieren muss, wird das Training ein spannendes Erlebnis und nichts langweiliges.

Aus der Sicht des Tieres bedeutet diese Art der Ausbildung, dass es nicht nur darum geht, wie man sich Unannehmlichkeiten vom Hals hält, indem man tut, was verlangt wird, was auch ziemlich langweilig ist. Stattdessen bekommt das Tier bei diesem Training immer wieder die Chance zu gewinnen und es bekommt außerdem die Chance, wenigstens einen Teil seiner Welt zu kontrollieren. Hat ein Delfin z.B. erst einmal die Bedeutung der Pfeife gelernt, ist das Training aus seiner Sicht nicht mehr bloß ein Austauschen von Kommandos und Gehorsam, sondern eher ein Ratespiel, bei dem der Delfin versucht, verschiedene Möglichkeiten zu »entdecken«, wie er seinen Trainer dazu bringen kann, die Pfeife zu trillern. Es ist ein Spiel, zwar mit genauen Regeln, aber mit gleichen Chancen auf beiden Seiten. Wen erstaunt es da, dass die Delfine ihre gehorsamen Ausbilder so mögen!

Man erreicht durch die Verwendung eines positiven Verstärkers in der Tat einen viel größeren Effekt, als es durch einfaches Verfüttern von Leckerchen je möglich wäre. Wenn Sie aufhören zu meinen, Sie müssten unerwünschtes Verhalten kontrollieren und beginnen, erwünschtes Verhalten mit einem deutlichen konditionierten Signal für die Verstärkung zu formen, wird Ihr Hund Sie auf eine neue Art und Weise respektieren. Denn endlich kann Ihr Hund Sie verstehen!

KAPITEL ZWEI

SO FANGEN
WIR AN

Einige einfache Verhaltensweisen,
die mit dem Clicker trainiert werden

Wenn wir an einen wohlerzogenen Hund denken, denken wir normalerweise an einen, der nichts falsch macht, der keine Besucher anspringt, der nicht zu viel bellt, der sich nicht auf die Couch legt usw. Normalerweise denken wir daher, »Ausbildung« bedeutet, dass man unerwünschtes Verhalten loswird. Ausbildung ist das, womit wir den Hund davon abbringen, Leute anzuspringen, zu bellen und an der Leine zu ziehen. Deshalb scheint herkömmliche Ausbildung hauptsächlich auf Kontrolle oder auf der Vorbeugung von unerwünschtem Verhalten zu beruhen. Sie schieben Ihren Hund oder ziehen an der Leine, damit Ihr Hund etwas macht. Und dann korrigieren Sie ihn, gewöhnlich wieder mit einem Zug an der Leine, wenn er etwas »falsch« macht, bis er lernt, wie es »richtig« ist.

Clickertraining bietet eine neue Art und Weise des Lernens.

Clickertraining oder operantes Konditionieren ist etwas völlig anderes. Mit Clickertraining kommt man zu einem gut erzogenen Hund, jedoch auf einem völlig anderen Weg. Anstatt dass wir dem Hund verbieten, etwas falsch zu machen, bringen wir ihm bei, wie er etwas richtig machen soll. Er lernt also, Besucher höflich zu begrüßen, zur richtigen Zeit zu bellen, an lockerer Leine zu gehen, nur da zu sein, wo Hunde auch sein sollten (auf dem Boden und nicht auf der Couch, auf dem Rasen und nicht im Blumenbeet) usw.

Einige Hundebesitzer gehen zu einem Hundeausbilder genauso wie zu einem Doktor oder zu einem Mechaniker in der Autowerkstatt. »Hier ist mein Problem. Sagen Sie mir, was falsch läuft und wie ich das beheben kann.«

So arbeiten Clickertrainer nicht. Unser Ziel ist es, Ihnen das Wissen zu vermitteln, das Sie brauchen, um ein bestimmtes Verhalten zu erarbeiten. Wenn Sie das Prinzip verstehen, können Sie das für jedes beliebige Verhalten anwenden.

Es gibt keine speziellen Rezepte, wie man bestimmte Übungen mit Clicker und Leckerchen aufbaut. Ich würde z.B. das Gehen an lockerer Leine auf eine bestimmte Weise erklären, der Clicker-Autor Morgan Spector auf eine andere Art und Weise. Und wieder andere Clickertrainer haben unter Umständen ihre eigenen guten und durchaus funktionierenden Möglichkeiten. Was Sie im Folgenden lesen, ist also nur eine einfache Anweisung für die grundlegenden Übungen. Diese müssen nicht penibel befolgt werden, sondern sollen Ihnen nur einen Anhaltspunkt für den Anfang geben. Sie können mit jeder dieser Übungen beginnen. Manche der gestellten Aufgaben wird Ihr Hund zunächst wahrscheinlich einfacher finden als andere. Sie können alle ausprobieren, sogar in einer einzelnen Übungseinheit, wenn Sie möchten. Experimentieren Sie einfach!

Sollten Probleme auftauchen, sehen Sie sich zuerst die Kapitel »Clicker Tipps« (Seite 75) und »Die häufigsten Fragen« (Seite 85) an. Es ist sehr wahrscheinlich, dass andere Leute dieselben Probleme hatten oder dieselben Fragen stellten, als sie anfingen. Nutzen Sie die zur Verfügung stehenden Quellen. Sie können sich diese Kunst der Ausbildung selbst über Versuch und Irrtum beibringen. Viele Menschen haben das schon so gemacht.

Denken Sie außerdem daran, dass jede Übungseinheit mit jedem Hund unterschiedlich ist. Nutzen Sie Ihre Fantasie. Manchmal kapieren auch die Tiere schneller als die Menschen worum es geht, haben Sie Geduld mit sich und vor allem Spaß!

DIE GRUNDLAGEN

Operantes Konditionieren kann man - genau wie Tanzen oder Musik machen - nur wirklich erfahren, wenn man auch tatsächlich aktiv mitmacht. Alleine durch Lesen oder darüber Diskutieren werden Sie nicht lernen, worum es geht. Sie müssen es ausprobieren. Dafür brauchen Sie Ihren Hund, etwas, was er zu fressen mag, und zwei oder drei Minuten Zeit.

Bereiten Sie für eine Clickertrainingseinheit zwanzig oder dreißig kleine Leckerchen vor. Es genügen wirklich kleine Stücke, etwa erbsengroß. Wenn Sie einen Malteser haben, ist so ein Stück schon riesig. Haben Sie eine Deutsche Dogge, können Sie auch mehrere von diesen kleinen Stücken geben, damit er merkt, dass er etwas im Fang hat.

Sind die Leckerchen zu groß oder braucht der Hund zu lange, sie zu kauen, werden Sie ziemlich schnell Probleme bekommen. Beim Clickertraining dreht sich alles ums Timing. Das ist auch wichtig beim Rhythmus, in den Sie kommen, wenn Sie ein Verhalten formen. Wird dieser Rhythmus ständig unterbrochen, z.B. durch zu lange Pausen beim Kauen, werden der Hund und auch Sie schnell etwas anderes tun wollen. »Mal sehn, was im Fernsehen läuft« (Sie), »Mal sehn, ob andere Hunde in letzter Zeit hier waren« (der Hund).

Deshalb sorgen Sie wenigstens zu Anfang dafür, dass die Leckerchen köstlich und leicht zu essen sind. Dann haben Sie beide es einfacher mit der Verständigung.

DIE ERSTE ÜBUNGSEINHEIT

Ihre erste Übungseinheit dauert vielleicht nur wenige Minuten, aber diese Minuten sollten ruhig und friedlich sein. Schließlich lernen Sie (und nicht nur der Hund) etwas Neues. Sie sollten sich also sicher sein, dass Sie nicht unnötig unterbrochen werden.

Wählen Sie einen Ort, an dem es keine Ablenkungen gibt und an dem Sie beide sich wohl fühlen. Das Wohnzimmer ist gut, oder die Küche. (Draußen ist der Hund zu abgelenkt.) Warten Sie, bis Sie und Ihr Hund alleine sind. Das Letzte, was Sie brauchen, sind Zuschauer, die Ihnen sagen, was Sie alles falsch machen. Wenn Sie noch andere Tiere haben, bringen Sie diese vorübergehend in einen anderen Raum.

Legen Sie die Leckerchen in eine Schüssel oder einen Becher, so dass Sie sie gut erreichen können, der Hund jedoch nicht. Bereiten Sie sich darauf vor, umherzugehen, während Sie den Hund trainieren; sitzen Sie nicht immer nur auf der Couch. Wenn Sie sich bewegen, wird es für den Hund einfacher sein, sich ebenfalls zu bewegen.

Einige Hunde sind zunächst nicht so interessiert an Leckerchen. Das ist in Ordnung so; wenn sie erst einmal die Bedeutung des Clickers gelernt haben, wird sich die Begeisterung für die Leckerchen automatisch entwickeln. Es ist von daher keine schlechte Idee, wenn Sie Ihre ersten kurzen Clickerübungen kurz vor die eigentlichen Mahlzeiten des

Zur Konditionierung auf den Clicker braucht man Ruhe.

Hundes legen. Dann hilft Ihnen der normale Appetit des Hundes, seine Aufmerksamkeit und sein Mitarbeiten zu bekommen.

WIE SIEHT ES AUS MIT WELPEN?

Sie können gleich am ersten Tag, wenn Sie einen neuen Welpen bekommen, mit dem Clickertraining beginnen. Clickertraining ist nichts Furchterregendes oder potenziell Gefährliches, deshalb brauchen Sie auch nicht zu warten, bis der Hund ein gewisses Alter erreicht hat, um damit anzufangen. Außerdem lieben Welpen als kleine futtersuchende Wusel es, herauszufinden, wie sie Sie zum Clicken bringen können, und oft lernen sie schneller als ältere Hunde.

Sie können aber auch selbstverständlich mit einem Hund das Clickertraining anfangen, der sechs Monate, oder auch sechs oder sechzehn Jahre alt ist. Sie alle können dieses Spiel

Clickertraining funktioniert bei allen Hunden, egal wie alt sie sind, welcher Rasse sie angehören oder welche Erfahrungen sie schon gemacht haben.

genießen. Es ist auch egal, um welche Rasse es sich bei Ihrem Hund handelt, ob es ein Rüde oder eine Hündin ist oder wie temperamentvoll er ist: Clickertraining ist toll für sehr enthusiastische, ständig unter Strom stehende, aber auch für ruhige, würdevolle oder schüchterne Tiere.

Hier sind mehrere verschiedene Übungen für den Anfang, damit Sie und Ihr Hund die ersten Erfahrungen sammeln können:

»Sitz und Platz«,

»Kommen auf Kommando«,

»Gehen an lockerer Leine«,

»Targettraining« und

»101 Dinge, die man mit einer Kiste machen kann«.

Sie können mit jeder dieser Übungen beginnen. Sie können auch alle ausprobieren. Manche Hunde lernen eine Übung schneller als die andere. Wenn Sie nach drei oder vier kurzen Unterrichtseinheiten immer noch keinen Fortschritt entdecken können, wechseln Sie ruhig zu einer anderen Übung und beschäftigen Sie sich erst später wieder mit der vorherigen.

»SITZ UND PLATZ«

Wir fangen an: Bereiten Sie Ihre Leckerchen vor. Jetzt clicken Sie und halten augenblicklich ein Leckerchen direkt vor des Hundes Schnauze, damit er es sich sofort nehmen kann. Dann bewegen Sie sich ein wenig. Wiederholen Sie das mehrere Male. Diese ersten Clicks und Leckerchen sind dazu da, dem Hund die Bedeutung des Clicks klarzumachen.

Variieren Sie die Zeit zwischen dem Click und dem Geben des Leckerchens: manchmal geben Sie es sofort, manchmal aber auch ein oder zwei Augenblicke später. Clicken Sie immer, bevor Sie das Leckerchen geben. Halten Sie die Hand mit den Leckerchen in der Zwischenzeit ruhig oder hinter Ihrem Rücken, damit Sie dem Hund durch unbewusste Handbewegungen keine falschen Hinweise geben. Warten Sie zwischendurch auch mal einige Sekunden, bis Sie wieder clicken, damit der Hund lernt, dass es wirklich der Click ist, der wichtig ist.

Dann clicken Sie und lassen ein Leckerchen auf den Boden fallen (oder auf einen Teller), wo der Hund es gut sehen kann. Wenn nötig, helfen Sie dem Hund, es zu finden. Sie zeigen dem Hund hiermit, dass der Click immer bedeutet, dass es Futter gibt, aber das muss nicht immer an der gleichen Stelle sein und es muss auch nicht immer sofort sein. Wiederholen Sie das zwei- bis dreimal.

Einige Clickertrainer konditionieren den Hund gerne auf den Clicker, indem sie diesen oben beschriebenen Vorgang viele, viele Male wiederholen. Ich ziehe es vor, es dabei zu belassen. Sobald der Hund seine Ohren stellt, wenn er den Click hört, denke ich, dass es Zeit ist, ihm (oder jedem anderen Tier) die wichtigste Information zu geben: dass er es nämlich durch sein Verhalten selber erreichen kann, dass der Click kommt.

 ## ERSTER SCHRITT

Nehmen Sie den Clicker in Ihre rechte Hand, die Leckerchen in die linke (bei Linkshändern andersherum). Halten Sie die Leckerchen in der Hand verschlossen und bewegen Sie diese über den Kopf des Hundes nach hinten zwischen seine Ohren, damit er aufschaut. Clicken Sie für diesen Blick nach oben. Wiederholen Sie das. Gehen Sie ein bis zwei Schritte rückwärts, fordern Sie den Hund auf, Ihnen zu folgen und clicken Sie ihn, wenn er Ihnen ins Gesicht schaut. Wiederholen Sie das. Jetzt beugen Sie sich ganz leicht über den Hund. Der Hund sollte sich dadurch zurücklehnen, so dass sein Schwanzende tiefer kommt. Clicken Sie diese kleine Bewegung. Geben Sie ein Leckerchen und wiederholen Sie die Übung. Arbeiten Sie schnell und clicken Sie oft; es ist besser, der Hund wird für ganz wenig geclickt (z.B. nur den Blickkontakt), als dass zu viel Zeit ohne Belohnung verstreicht und der Hund

»SITZ« MIT DEM CLICKER

① Misty, *ein Border Collie Welpe, kennt den Clicker schon. Jetzt lernt sie, sich hinzusetzen. Das Leckerchen wird über ihren Kopf gehalten. Wenn sie ihm folgt, geht das Schwanzende automatisch in Richtung Boden.*

② *Click!* Misty *bekommt den Click genau in dem Moment, wenn das Hinterteil den Boden berührt.*

③ *Es macht nichts, wenn der Welpe dann aufsteht, wenn er sein Leckerchen bekommt. Denn der Click markiert ja das richtige Verhalten.*

das Interesse verliert. Achten Sie auf die Hinterbeine. Clicken Sie, sobald sie einzuknicken beginnen. Irgendwann sitzt der Hund. Clicken Sie und geben Sie sofort das Leckerchen. Gehen Sie einige Schritte rückwärts, fordern Sie den Hund zum Folgen auf und warten Sie. Vielleicht setzt er sich jetzt schon ohne Ihre Hilfe. Clicken und wiederholen Sie. Als Nächstes gehen Sie ein oder zwei Schritte zur Seite. Lächeln Sie, versuchen Sie Blickkontakt zu halten und warten Sie - der Hund wird normalerweise dieses »glücksbringende Sitz« wieder zeigen. Click und Belohnung! Wenn Sie clicken und ein Leckerchen hinhalten, springt der Hund eventuell wieder auf. Das ist in Ordnung! Im Gegensatz zum konventionellen Training achten wir nicht darauf, was der Hund macht, wenn wir ihn füttern, sondern nur auf das, wenn wir ihn clicken. Ihr Click »markiert« das gewünschte Verhalten. Der Hund erinnert sich ohne jede Hilfe von Ihnen daran, was er getan hat, als es clickte. Haben Sie Geduld, wenn er sich nicht sofort hinsetzt. Versuchen Sie, den Hundekopf mit einem Leckerchen in der Hand nach hinten zu locken. Drücken Sie das Hinterteil nicht herunter. Sagen Sie dem Hund auch nicht, was er machen soll. (»Wie soll er denn wissen, was gemeint ist?!«) Machen Sie sich keine Gedanken. Wir fangen nicht damit an, den Hund herumzukommandieren. Zuerst arbeiten wir an dem Verhalten, später wird es einen Namen bekommen. Und wenn der Hund Sie andauernd anspringt? Ignorieren Sie dieses Verhalten! Warten Sie, bis es von selbst aufhört. Sobald der Hund seine Vorderfüße wieder auf dem Boden hat, fangen Sie wieder mit der Handbewegung für das Sitz an.

 ## ZWEITER SCHRITT

Jetzt verlängern wir die Zeit, die der Hund sitzen soll. Warten Sie bis er sitzt. Click. Leckerchen. Clicken Sie beim nächsten Mal, wenn der Hund sich setzt, nicht sofort. Bewegen Sie erst die Hand mit den Leckerchen etwas weg. Click. Leckerchen. Indem Sie den Click hinauszögern, lehren Sie den Hund, sitzen zu bleiben und zu warten, bis er den Click hört. Sie brauchen jetzt nicht ständig zu clicken, um den Hund bei Laune zu halten, während er sitzt. Im Moment beendet noch der Click das Verhalten. Sie können die Länge des Verhaltens ausdehnen, indem Sie den Click hinauszögern. Reden Sie nicht mit dem Hund und überschütten Sie ihn nicht mit irgendwelchen Worten. Das bedeutet nur verwirrende Nicht-Information. Seien Sie einfach still.

EINE ÜBUNGSEINHEIT BEENDEN

Die Forschung hat gezeigt, dass mehrere kurze Trainingseinheiten mehr bewirken als wenige lange. Ihre erste Übungseinheit wird nicht länger sein als vier oder fünf Minuten. Hören Sie auf, solange Sie und der Hund noch Spaß haben. Vielleicht kommen Sie beim ersten Mal nicht weiter als bis zu unserem ersten oder zweiten Schritt. Vielleicht gilt das auch noch für die nächsten zwei bis drei Übungssequenzen. Das ist in Ordnung! Es kann auch sein, dass Sie es mit einem dieser Wirbelwinde zu tun haben, die dieses neue Spiel gern eine halbe Stunde und länger spielen, oder Sie kommen beim ersten Mal schon durch bis zum sechsten Schritt. Das ist auch in Ordnung. Es gibt auch Hunde, die den dritten oder vierten Schritt anbieten, bevor der zweite beendet ist. Auch das ist in Ordnung; machen Sie an dem weiter, was der Hund Ihnen anbietet. Sie können später noch einmal zu einem früheren Schritt zurück gehen. (Auch wenn Sie nur zwei Clicks für ein gewünschtes Verhalten anbringen konnten, ist das gut so! Jeder Click zählt!) Das Wichtige ist, dass Sie Fortschritte machen, auch wenn die noch so klein sind.

Wenn der Hund das Interesse verliert (was anfangs, während er das Spiel noch lernt, gut möglich ist) oder wenn Sie durcheinander kommen oder ungeduldig oder ärgerlich werden, hören Sie sofort auf und versuchen Sie es später noch einmal. Sie werden feststellen, dass sehr viel Lernen zwischen den Übungseinheiten stattfindet, besonders wenn Sie diese kurz halten. Vielleicht stellen Sie auch fest, dass ein Problem, das Sie heute haben, sich morgen ganz von alleine erledigt hat.

DRITTER SCHRITT

Sobald der Hund das Sitz von alleine anbietet und er einige Sekunden sitzen kann, ohne dass Ihre Hand über seinem Kopf ist, können Sie die Hand mit den Leckerchen dazu verwenden, dem Hund zu zeigen, wie er sich hinlegt. Halten Sie also die Hand mit den Leckerchen (Hand geschlossen, Leckerchen nicht sichtbar) vor die Nase des Hundes, wenn er sitzt. Dann bewegen Sie sie ganz langsam nach unten, zwischen seinen Vorderbeinen und ganz nahe am Hund. Die Nase wird der Hand folgen, der Hund wird sich zurücklehnen und sich dann hinlegen.

Clicken Sie beim ersten Mal schon, wenn die Vorderbeine leicht zurückgehen. Leckerchen. Beim zweiten Mal locken Sie ihn schon ein wenig weiter hinunter und ziehen dann die Hand vorsichtig weg. Liegt Ihr Hund? Gut. Click. Springt er dann auf? Das ist in Ordnung und macht gar nichts. Geben Sie ihm das Leckerchen während er steht. Dann locken Sie ihn wieder ins »Platz«.

VIERTER SCHRITT

Irgendwann - wann, müssen Sie entscheiden - reduzieren Sie die nach unten lockenden Hilfen. Zeigen Sie dem Hund, dass Sie Leckerchen haben, aber führen Sie seine Nase nicht damit herunter. Warten Sie. Versuchen Sie zu warten, bis der Hund sich von alleine beginnt hinzulegen.

Sie müssen nicht warten, bis er ganz im »Platz« liegt. Clicken Sie schon, wenn eine Pfote etwas nach vorne rutscht oder wenn der Ellbogen sich leicht beugt, oder sogar wenn der Hund den Kopf Richtung Boden senkt. Ihr Click (gefolgt

»PLATZ« MIT CLICKER

Misty *setzt sich schon zuverlässig hin. Jetzt kann das Leckerchen genommen werden, um den Kopf Richtung Boden zu locken.*

Genau in dem Moment, wenn der Bauch den Boden berührt, gibt es ein Click und ein Leckerchen.

Das Locken wird schrittweise ausgeschlichen und Misty *wird geclickt, wenn sie eine Weile in der Platz-Position verharrt.*

von einem Leckerchen) vermittelt dem Hund, dass er sich auf dem richtigen Weg befindet, nämlich bodenwärts. Warten Sie wieder. Lassen Sie ihm Zeit. Dieses Mal soll er noch etwas weiter gehen, vielleicht schon bis ganz hinunter.

Wiederholen Sie das. Beobachten Sie den Hund. Sie werden vielleicht im Gesicht des Hundes sehen, wenn ihm »ein Licht aufgeht«, in dem Moment, wenn er feststellt, dass er sich nur hinzulegen braucht, um Sie zum Clicken zu bringen! Selbst junge Welpen, gerade mal sechs bis acht Wochen alt, können das herausfinden. Sie merken das, wenn der Hund sich von alleine hinlegt. Vielleicht wird er sich sogar förmlich zu Boden werfen. Um ihm Ihre Freude darüber zu zeigen, clicken Sie nicht mehrere Male - wir clicken immer nur einmal - sondern Sie geben ihm eine ganze Hand voll Leckerchen. Das nennen wir einen Jackpot.

Die Trainerin Lana Mitchell sagt es treffend: Für Sie ist es ein Trainingsspiel, aber für den Hund ist es ein Denkspiel.

Wenn der Hund erst einmal bewusst gelernt hat, dass er Sie zum Clicken bringen kann, wenn er sich hinlegt und wartet - wenn er also gelernt hat, dass er sich die Leckerchen verdienen kann - haben wir etwas Wundervolles erreicht, worauf wir dann gut aufbauen können. Das ist eine sehr wichtige erste Übungsstunde und eine sehr aufregende für den Hund.

TRAININGSHINWEIS

Es ist immer ganz gut, wenn Sie zu Beginn jeder Übungseinheit noch einmal einen Schritt zurückgehen. Wenn Sie also bis zum fünften Schritt gekommen sind und der Hund sich schon alleine hingelegt hat, fangen Sie die nächste Übungseinheit mit einer kurzen Wiederholung des vierten Schrittes an. Sie locken also den Hund ins »Platz«, dann warten Sie und clicken für ein ansatzweises »Platz«, das er selbstständig macht und schließlich für ein vollständiges Platz.

Nach zwei oder drei »Wiederholungsclicks« wird der Hund normalerweise wieder voll dabei sein und Sie können weitermachen.

Die nächsten Schritte für jedes Verhalten, also auch das »Platz«, werden sein, dass wir an der Länge eines Verhaltens arbeiten, Ablenkungen einbauen und schließlich Befehle zu einem bestimmten Verhalten geben. Das kann ein Handsignal sein, ein Wort, oder auch beides. Um dort weiter zu arbeiten, schlagen Sie auf Seite 67 nach: »So werden Sie ein besserer Ausbilder«

»KOMMEN AUF KOMMANDO«

Das macht allen Hundehaltern am meisten Sorgen. Es ist simpel, aber nicht einfach, ein zuverlässiges »Komm« zu trainieren. Man muss sich da schon einige Gedanken machen, muss aufmerksam sein und braucht etwas gesunden Menschenverstand. Der Clicker wird eine große Hilfe sein.

 ## ERSTER SCHRITT

Setzen Sie sich auf den Boden. Ermuntern Sie den Hund zum Kommen. Wenn er das macht, bekommt er Click und Leckerchen. Stehen Sie auf, gehen Sie einige Schritte und versuchen Sie es noch einmal. Wiederholen Sie das Ganze. Rufen Sie dann den Hund aus einem anderen Zimmer. Clicken und belohnen Sie, wenn er zu Ihnen kommt. Machen Sie das zu allen möglichen Tageszeiten, auch wenn Ihr Hund gar nicht damit rechnet. Clicken und belohnen Sie den Hund immer, wenn er reagiert. Wenn er nicht reagiert, geben Sie ihm keine zweite Chance. Legen Sie für ihn deutlich sichtbar Clicker und Leckerchen weg (noch besser wäre, Sie clicken und belohnen einen anderen Hund oder die Katze). Auch Kinder können hierbei helfen. Setzen Sie je ein Kind auf beide Seiten des Raumes und lassen Sie die Kinder folgendes machen: Ein Kind ruft den Namen des Hundes. Wenn der Hund guckt, sagt es »Komm« und klopft mit der Hand auf den Boden oder tut irgendetwas anderes, damit der Hund kommt. (Nur mit den

Leckerchen winken sollte es nicht. Verstecken Sie diese). Clicken Sie, wenn der Hund beim Kind ankommt. Nachdem das Kind dem Hund eine kleine Belohnung gegeben hat, darf das andere Kind den Hund rufen. Selbst Welpen gefällt dieses Spiel bald, bei dem sie nur zwischen den Kindern hin- und herrennen müssen, um sich Clicks zu verdienen.

 ZWEITER SCHRITT

Versuchen Sie es jetzt draußen. Wenn Ihr Hund sehr ungestüm ist, bitten Sie zwei weitere Personen um Hilfe. Einer hält den Hund an der langen Leine, die anderen zwei rufen den Hund zwischen sich hin und her. Denken Sie daran: Um wirklich zuverlässiges Folgen zu bekommen, ist nicht das Futter wichtig, auch nicht das Rufen, sondern der Click, wenn der Hund zu einer Person kommt. Dadurch lernt er.

Gehen Sie mit dem Hund spazieren. Eine flexible Auszieh-leine, die sich von alleine in den Handgriff aufrollt, ist dafür ganz gut geeignet, weil sie dem Hund erlaubt, sich ziemlich weit von Ihnen zu entfernen. Er fühlt sich dadurch frei, ob-wohl er es ja gar nicht ist. Zwischendurch rufen Sie den Hund immer mal wieder, mal von nahem, mal von weitem, und clicken Sie und belohnen Sie ihn, wenn er zu Ihnen kommt. Wenn er Sie ignoriert, gehen Sie einfach zehn bis zwanzig Schritte weiter und versuchen Sie es dann noch einmal.

Wenn der Hund andauernd an der Leine zieht, verkürzen Sie sie. Bleiben Sie still stehen und lassen Sie den Hund zie hen, bis er es von alleine aufgibt. Dann können Sie ihn rufen. Machen Sie das auch, wenn er direkt neben Ihnen steht. Wenn er Ihnen den Kopf zuwendet, clicken Sie und geben Sie Leckerchen. Rucken Sie nicht an der Leine und schimpfen Sie auch nicht mit dem Hund, wenn er nicht kommt. Dadurch würde er nur lernen: »Komm« bedeutet Ärger.

Clicken Sie jedes Mal, wenn der Hund auf Ihr Rufen kommt. Wenn Sie gerade keinen Clicker dabei haben, impro-visieren Sie mit einem Zungenclick oder Lobwort (Das ist

»KOMM« MIT DEM CLICKER

Misty *arbeitet gerade an dem »Komm«-Kommando im Park. Die Leine ist nur zur Sicherheit da, damit die Hündin nicht weglaufen kann. Sie wird nicht verwendet, um die Hündin damit heranzuziehen. Anfangs wird Misty dafür geclickt und belohnt, dass sie sich am Halsband halten lässt.*

Eine Person bleibt bei Misty, *während die andere sich einige Schritte entfernt. Sobald die zweite Person Mistys Namen ruft, wird sie losgelassen.*

Misty *läuft zur zweiten Person.*

In dem Moment, in dem sie die zweite Person erreicht, bekommt sie den Click und ein Leckerchen.

zwar nicht so eindeutig, aber besser als gar nichts.) Lassen Sie Ihren Hund nie in der Öffentlichkeit frei, bevor Sie nicht ein freudiges Kommen auf Kommando aufgebaut haben. Das braucht unter Umständen Wochen, besonders wenn der Hund das »Komm« schon seit Jahren ignoriert. Mit einem neuen Welpen brauchen Sie dafür wahrscheinlich nur wenige Tage.

 ## DRITTER SCHRITT: DRAUßEN UND FREI

Wenn Sie Ihren Hund weg von Zuhause frei laufen lassen möchten, machen Sie das zu Anfang nur auf einem umzäunten Platz. Wenn möglich, sollte der noch ziemlich langweilig sein. Lassen Sie den Hund zunächst ausgiebig schnüffeln und rufen Sie ihn anschließend. Unterstützen Sie dieses »Komm« noch, indem Sie einladend in die Knie gehen. Wenn er kommt, clicken Sie, geben ihm einen Jackpot und gehen nach Hause. Sorgen Sie durch diesen einen Versuch dafür, dass er sich an diese Lektion erinnert.

Wenn Sie draußen sind und der Hund kommt nicht, gehen Sie hin und holen Sie ihn. Nehmen Sie ihn an die Leine und gehen Sie nach Hause. Geben Sie ihm keine vier oder fünf Gelegenheiten, Ihr Rufen zu ignorieren, bis er dann endlich kommt. Damit bringen Sie ihm nur bei, dass er Ihre ersten vier bis fünf Rufe ignoriert. Strafen Sie ihn auch nicht, wenn Sie ihn wieder haben - sonst bringen Sie ihm bei, dass er sich beim nächsten Mal nicht mehr so einfach fangen lässt. Bringen Sie ihn einfach nur wortlos nach Hause. Sie können ihn sogar clicken und belohnen dafür, dass er Sie an sein Halsband fassen lässt. Das beugt dem vor, dass er gerade außerhalb der Reichweite bleibt, wie viele Hunde das gerne machen.

Wenn Sie in sehr starker Ablenkung arbeiten, z.B. bei der Gelegenheit, mit anderen Hunden zu spielen, können Sie diese Ablenkung als Verstärker benutzen. Das könnte so aussehen: Gehen Sie mit Ihrem Hund an langer Leine in den Park, wo Sie sich mit einem Freund und dessen Hund treffen.

Lassen Sie Ihren Hund umherschauen, bis er seinen potenziellen Spielgefährten entdeckt hat. Jetzt rufen Sie den Hund. Wenn er kommt, bekommt er einen Click, aber anstelle des Leckerchens machen Sie die Leine los und lassen ihn mit seinem Freund spielen.

Dann gehen Sie einfach hin, fangen den Hund, leinen ihn an und gehen nach Hause. Ich weiß, das kommt Ihnen jetzt kontraproduktiv vor, aber jede Erfahrung einer solchen Verstärkung wird Kommen auf Ruf wahrscheinlicher machen.

Kommt der Hund dann immer und schön, kommt wahrscheinlich auch einmal der Tag, an dem er völlig taub scheint und Ihr Rufen einfach überhört. Sie haben so oft das Kommen auf Ruf verstärkt und auf einmal scheint es nicht mehr zu funktionieren. Reagieren Sie darauf in einer für den Hund negativen Art und Weise: Rufen Sie den Hund und geben Sie ihm eine Chance erfolgreich zu sein. Wenn er das erwünschte Verhalten nicht zeigt, gehen Sie sofort mit ihm nach Hause, ohne weitere Schnüffel- oder Spielpausen einzulegen. Beim nächsten Spaziergang wird er seinen gewohnten Gehorsam wieder zeigen. So etwas dürfen Sie natürlich nur machen, wenn der Hund auch wirklich gut verstanden hat, dass er auf Rufen kommen soll und es normalerweise freudig zeigt.

 ## VIERTER SCHRITT: »KOMM«

»Komm« ist so ein wichtiges Verhalten, dass ich glaube, dass es ein ganzes Hundeleben lang Beachtung verdient. Nutzen Sie täglich die Gelegenheit, den Rückruf des Hundes zu verstärken, besonders wenn der Hund sofort zu Ihnen kommt. Sie können ihn z.B. immer mal wieder rufen - egal wo er sich gerade befindet, wenn er sein Futter bekommt, ein neues Spielzeug oder einen Kauknochen, oder wenn Sie mit ihm spielen wollen. Kommt er, clicken Sie, geben ihm dann sein Futter oder den Knochen, oder werfen Sie den Ball oder die Frisbee-Scheibe. Die meisten Hunde lieben es, Auto zu fahren. Wenn

»Komm« sollte immer von etwas Angenehmem gefolgt sein. Hier wird der junge Golden Retriever für das Kommen geclickt und die Belohnung ist, dass er ins Auto springen darf.

Sie gerade vorhaben, den Hund irgendwohin mitzunehmen, rufen Sie »Komm« und verstärken Sie das Verhalten, indem Sie die Autotür öffnen und den Hund hinein lassen. Sorgen Sie, solange der Hund mit Ihnen zusammen lebt, dafür, dass »Komm« für ihn eine freudige Nachricht ist, indem Sie ihn daraufhin immer mal wieder mit etwas Schönem überraschen. Diese Gewohnheit wird sich eines Tages bezahlt machen.

»AN LOCKERER LEINE GEHEN«

Die Technik, mit der wir uns schon die ganze Zeit bcfassen, heißt »Formen«. Anstatt schon zu Beginn das endgültige Verhalten erreichen zu wollen, wie wir das im konventionellen Training machen, »bauen« wir uns das Verhalten Schritt für Schritt. Es gibt immer viele unterschiedliche Möglichkeiten, ein bestimmtes Verhalten zu formen. Hier zeige ich Ihnen einige Wege, wie Sie dem Hund beibringen können, an locke-rer Leine zu gehen. Wenn Sie es schon seit längerem mit einem starken Zieher zu tun haben, werden Sie ihm das erst wieder abtrainieren müssen, was etwas länger dauert. Experimentieren Sie mit den genannten Vorschlägen und trainieren Sie mit Köpfchen anstatt mit Muskeln.

ERSTER SCHRITT

Bringen Sie den Welpen oder den Hund in einen ruhigen Raum, wo genügend Platz ist. Locken Sie ihn an Ihre linke Seite, indem Sie an Ihren Oberschenkel klopfen und seinen Namen sagen. Wenn er zu Ihnen kommt, clicken Sie und geben ihm ein Leckerchen.

Gehen Sie mit dem linken Fuß zuerst los. Fordern Sie den Hund zum Folgen auf, indem Sie an Ihr Bein klopfen. Locken Sie ihn nicht mit Leckerchen - sonst lernt er nur, dem Leckerchen anstatt Ihnen zu folgen. Wenn er mit Ihnen kommt, gibt es Click und Leckerchen. Halten Sie an, um dem Hund das Leckerchen zu geben, machen Sie das nicht in der Bewegung. Es verkompliziert die Angelegenheit, wenn der Hund kaut und gleichzeitig das Verhalten ausführt, das er lernen soll. Außerdem ist es ja egal, wo der Hund ist, wenn er sein Leckerchen bekommt. Worauf es ankommt, ist, dass er mehr oder weniger an Ihrem linken Bein geht, wenn Sie clicken. Versuchen Sie es noch einmal. Wenn der Hund schön mit Ihnen losgeht, clicken Sie das sofort, halten an und geben ihm sein Leckerchen. Als Nächstes gehen Sie drei Schritte, bevor Sie clicken, und clicken Sie, wenn der Hund schön an Ihrer Seite geht. Kehren Sie um, fordern Sie den Hund auf, mit Ihnen zu kommen und üben Sie dasselbe in die andere Richtung. Clicken Sie alle drei Schritte. Wenn der Hund schön mit Ihnen geht, clicken Sie alle vier oder fünf Schritte.

ZWEITER SCHRITT

Bauen Sie Ablenkung ein. Arbeiten Sie darauf hin, immer mehr Schritte zu gehen. Versuchen Sie auch zwischendurch mal schneller, mal langsamer zu gehen. Machen Sie es dem Hund leicht zu »gewinnen«, schimpfen Sie nicht, wenn er weggeht; clicken Sie nur, wenn er wieder kommt. Clicken Sie dafür, dass er nahe bei Ihnen bleibt, wenn Sie in eine andere Richtung gehen. Versuchen Sie anzuhalten. Clicken Sie, wenn er bei Ihnen bleibt. Gehen Sie schneller und langsamer. Clicken Sie alle fünf bis zehn Sekunden, aber natürlich nur, wenn Sie auch einen Grund dafür haben. Halten Sie Ihre Übungseinheiten kurz - wenige Minuten reichen völlig.

DRITTER SCHRITT

Gehen Sie nach draußen. Sicherheitshalber nehmen Sie den Hund an die Leine. Binden Sie die Leine um Ihre Hüfte, so dass Sie nicht in Versuchung kommen, den Hund herumzuziehen oder an der Leine zu rucken, wenn er zieht. (Die meisten Hunde, die stark an der Leine ziehen, haben das sogar von Ihren Besitzern so gelernt, weil diese immer zurückgezogen haben, der Hund aber trotzdem gehen konnte, wohin er wollte.) Jetzt beginnen Sie noch mal, den Hund zu locken und dann alle drei Schritte zu clicken, dann alle fünf oder auch zehn oder was immer angebracht erscheint. Sie müssen das entscheiden; zählen Sie, wie lange der Hund in der Regel mit Ihnen geht und machen Sie das zu Ihrer Basiszahl.

Wenn der Hund eine gerade lange Strecke mit Ihnen geht ohne sein Interesse an Ihnen zu verlieren, ist es Zeit, Winkel, Kurven und Abwechslungen einzubauen. Hunde lieben dieses Spiel und haben es schnell heraus, nahe an Ihrem Bein zu bleiben, was auch immer Sie sich ausdenken. Machen Sie das Spiel jedoch gerade nur so schwierig, dass Ihr Hund auch viele Erfolge haben kann.

Was ist, wenn der Hund etwas sieht oder riecht, was er gerne erkunden möchte, bis ans Ende der Leine geht und das Ziehen anfängt? Stoppen Sie! Bewegen Sie sich nicht! Während der Hund zieht, soll nichts passieren. Wenn er nur ein wenig

»GEHEN AN LOCKERER LEINE«
MIT DEM CLICKER

Die Hundeführerin hat die Leine um ihre Hüften gebunden, damit sie nicht an Mich herumziehen kann. Sie geht einige Schritte und die Hündin geht an lockerer Leine neben ihr.

Mich wird in der Bewegung geclickt und zwar genau dann, wenn sie das gewünschte Verhalten zeigt.

Halten Sie an, um die Belohnung zu geben. Sie können das Training spannender machen, indem Sie das Leckerchen werfen, damit der Hund es sich fangen muss. Passen Sie nur auf, dass Sie nicht zu weit werfen, da die Leine an Ihnen befestigt ist.

Wenn Ihr Hund die Übung beherrscht, können Sie die Anforderungen steigern, indem Sie Anlenkungen einbauen.

nachgibt, clicken und belohnen Sie ihn. Im Laufe von vielen Spaziergängen können Sie die Ablenkungen immer mehr steigern. Lassen Sie den Hund entdecken, dass nichts passiert, wenn er zieht; wenn aber die Leine locker ist, gehen Sie auf den anderen Hund zu, die Person, den Laternenposten oder was er sonst noch inspizieren möchte.

Ihr Ziel ist es, dem Hund mit Hilfe des Clickers die Verantwortung zu geben, dass die Leine locker bleibt. Nach und nach wird das zur Gewohnheit werden und Sie brauchen den Hund dann bald nur noch ein- oder zweimal während des Spazierganges mit Lob oder Clicker darin zu bestärken. Und schließlich sind für Sie gute »Leinen-Manieren« eine Selbstverständlichkeit.

FÜR HARTNÄCKIGE LEINENZIEHER

Dieses einfache Vorgehen, das Sie alle paar Schritte clicken und zum Belohnen anhalten und das auf mehreren Spaziergängen wiederholen, reicht oft schon, um unaufmerksame An-der-Leine-Zieher in anständig gehende Begleiter zu verwandeln. Halten Sie aber auch immer mal wieder an und lassen Sie den Hund von Zeit zu Zeit schnüffeln und auskundschaften. Dieses Vergnügen sollten Sie dem Hund gönnen als eine Belohnung für das Nicht-Ziehen, und der Hund sollte es sich nicht »stehlen« müssen, indem er immer wieder zu Orten hinzieht, an denen er gerne schnüffeln würde.

Was aber, wenn der Hund draußen nichts anderes macht als Ziehen und Sie völlig ignoriert? Binden Sie die Leine um Ihre Hüfte. Sollten Sie einen großen Hund haben, tragen Sie rutschfeste Schuhe, damit der Hund Sie nicht aus dem Gleichgewicht ziehen kann. Jetzt können Sie sein Verlangen zu schnüffeln als Verstärker benutzen. Wenn er zieht, halten Sie augenblicklich an, rammen Sie Ihre Füße in den Boden und gehen Sie keinen Zentimeter mehr weiter. Sagen Sie gar nichts. Wenn der Hund Sie dann ansieht, klopfen Sie auf Ihr Bein. Wenn die Leine dann locker wird oder wenn er sogar zu Ihnen kommt, clicken Sie und bewegen Sie sich vorwärts.

DER HARTNÄCKIGE ZIEHER

Ein ständig ziehener Hund muss lernen, dass der »richtige« Platz an Ihrer Seite ist. Hier hält der Hundeführer die Leine, aber sie könnte genauso gut um die Hüfte gebunden sein.

Abi, *ein japanischer Spitz, ist zwar klein, aber immer begierig darauf, nach vorne zu stürmen.*

Hier erreicht sie das Ende der Leine und es geht nicht mehr weiter.

Der Moment der Entscheidung: Abi *wird zurückgerufen und bekommt den Click, sobald die Leine sich lockert.*

Sie kommt bis an die Seite der Führerin zurück, wo sie noch einmal geclickt wird und die Belohnung bekommt.

Wahrscheinlich wird er sofort wieder ins Ende der Leine nach vorne schießen, besonders, wenn er das schon seit Jahren so gemacht hat. Wiederholen Sie: Anhalten, wenn die Leine durchhängt, clicken und weitergehen.

Sie werden in der ersten Übungseinheit wahrscheinlich nicht in der Lage sein, mehr als einen Schritt am Stück zu gehen. Das wird schnell langweilig. Hören Sie also schon bald wieder auf. Wenn Sie dieses Schritt-und-Stop-Geschäft leid sind, bringen Sie den Hund wieder ins Haus oder ins Auto. Versuchen Sie es am nächsten Tag wieder. Früher oder später wird Ihr Hund kapitulieren und er wird auf Sie warten und nicht gleich losziehen. Dann haben Sie etwas, was Sie clicken und belohnen können.

EINE LEICHTE VARIANTE

Manchmal gelingt es mit einer einfachen Regel, einen An-der-Leine-Zieher zu kurieren: Jedes Mal, wenn die Leine durchhängt, clicke ich und gebe ein Leckerchen. Gehen Sie wie gewohnt mit dem Hund an der Leine spazieren, binden Sie jedoch wieder die Leine um Ihre Hüfte. Wenn der Hund dann zufälligerweise bei seinen Erkundungen die Leine locker lässt, clicken Sie und belohnen Sie ihn. Es kann sein, dass Sie so am Ende eines zehnminütigen Spazierganges einen veränderten Hund haben. *2-3 × 5-10 min spaziergang*

Und wissen Sie was? Sie können das sogar mit zwei Hunden machen. Dann heißt die Regel: »Wenn beide Leinen durchhängen, clicke ich und verteile Leckerchen.« Passen Sie gut auf! Die Gewohnheit, dass die Hunde ziehen, kann so tief in ihnen verwurzelt sein, dass es für Sie schwierig ist, diese kurzen Momente wahrzunehmen, wenn die Hunde mal nicht ziehen. Vielleicht halten sie an, um an einem Busch zu schnüffeln, sich zu kratzen oder ihr Geschäft zu machen. Es ist egal warum. Wenn erst ein Hund stoppt und dann der andere, clicken Sie. Geben Sie beiden Leckerchen.

Auch hiermit kann das Problem wieder ruck-zuck behoben sein. Zwei oder drei fünfminütige Spaziergänge über zwei

DAS »HALTI«

① Griff *lernt das »Halti« kennen.*
Er wird geclickt, sobald er es um
den Hals duldet.

② *Hier wird das »Halti« in der*
richtigen Position gehalten und
Griff *wird gelohnt, weil er das*
akzeptiert.
③ *Click! Das »Halti« kann jetzt für*
die Ausbildung verwendet werden.

oder drei Tage reichen wahrscheinlich schon aus, wenn Ihr Timing gut ist.

DAS KOPFHALFTER FÜR HUNDE

Das Kopfhalfter für Hunde (Halti oder Gentle Leader) ist ähnlich wie ein Halfter für Pferde, eben nur für Hunde. Es geht über Nase und Nacken. Die Leine wird unter dem Unterkiefer befestigt. Der Hund kann sein Maul bequem öffnen; es handelt sich dabei nicht um einen Maulkorb. Wenn der Hund jedoch zieht, wird sein Kopf herum- oder nach unten gezogen, so dass der Hund nicht mehr sieht, wo er hingeht und so aufhört zu ziehen. Sie brauchen damit überhaupt nicht zu trainieren, dass der Hund nicht an der Leine zieht. Halten Sie einfach die Leine und gehen Sie los. Der Hund wird sich anfangs gegen das Kopfhalfter wehren, genauso wie Welpen sich gegen ein normales Halsband und die Leine zuerst wehren. Er wird jedoch von alleine schnell lernen, die Leine locker zu halten. Ein solches Kopfhalfter ist eine hervorragende vorübergehende Hilfe, während Sie Ihren Hund umtrainieren. Es kann auch eine ständige Hilfe sein für einen schwachen Hundehalter oder für ein Kind, das einen großen Hund führt. (Anmerkung der Übersetzerin: Der Hund sollte mit Geduld und viel Lob bzw. mit dem Clicker an das Kopfhalfter gewöhnt werden. Außerdem sollte die Leine aus Sicherheitsgründen immer am Kopfhalfter und an der Leine befestigt werden.)

KAPITEL DREI

VERBESSERN SIE IHR GESCHICK

Weitere Übungen, mit denen Sie
Abwechslung schaffen können

Clickertraining ist für Hund und Halter ein kontinuierlicher Prozess. Eines der motivierendsten Aspekte dieses Systems ist, dass man dem Hund immer wieder etwas Neues bieten kann. Man kann seinen allgemeinen Gehorsam verbessern, die Ausbildungsmethoden verfeinern oder einfach nur Spaß haben und dem Hund Tricks beibringen.

TARGET TRAINING

Eines der nützlichsten Dinge, die Ihr Clickerhund lernen kann, ist, einen Target zu berühren, wie z.B. das Ende eines Stockes. *(Anm.d.Übers.: »Target« heißt Ziel. Das Wort ist in Trainerkreisen schon so eingebürgert, dass hier das englische Wort beibehalten wird. Ein Targetstick ist so etwas wie ein Zeigestock.)* Einer der Vorzüge des Targettrainings ist, dass Sie den Hund damit überall hin bewegen können - ins Auto, auf den Tisch zum Bürsten oder unter dem Bett hervor - ohne dass Sie ihn ziehen oder schieben müssen und Sie können sich außerdem noch der freudigen Kooperation des Hundes sicher sein.

 ## ERSTER SCHRITT

Sie bekommen im Handel zusammenschiebbare Targetsticks aus Aluminium. Sie können aber alles Mögliche verwenden: von der alten Antenne oder der Gardinenstange bis zu einer halben bis einen Meter langen Rute von einem Apfelbaum. Für einen zierlichen Hund (oder eine Katze) können Sie auch einen Bleistift oder ein Essstäbchen nehmen.

Nehmen Sie Targetstick, Leckerchen, Clicker und den Hund. Reiben Sie ein Leckerchen an die Spitze des Targets und lassen Sie den Hund daran schnuppern. Click. Nehmen Sie den Target weg von der Hundenase und geben Sie ein Leckerchen. Wiederholen Sie das. Bewegen Sie den Stock dabei leicht nach oben, unten oder zur Seite. Clicken Sie das Berühren oder sogar auch nur schon das Hinsehen zum Targetstick. Nach einigen Clicks fürs Berühren stehen Sie auf und fordern Sie den Hund zum Mitkommen auf, indem Sie

TARGET TRAINING

① *Reiben Sie ein Leckerchen an der Spitze des Targetsticks, damit der Hund daran schnüffelt. Clicken Sie, sobald der Hund die Target-spitze berührt.*
② *Fordern Sie den Hund auf, dem Target zu folgen und clicken Sie, wenn er es richtig macht.*
③ Wysiwyg, *ein deutscher Spitz, folgt dem Target hier schon sicher.*

① *Der Border Collie* Chase *ist schon vertraut mit dem Target und bereit, ihm zu folgen.*

② *Die Halterin kann ihn damit hin dirigieren, wohin immer sie will.*

③ Chase *kann lernen, dem Target nach oben oder nach unten zu folgen. Das kann sehr nützlich sein, z.B. beim Training des Hundes für Agility.*

57

den Stock so vor ihn halten, dass er ihn im Gehen leicht berühren kann. Hunde scheinen das Targettraining schneller zu verstehen, wenn sie sich bewegen. Clicken Sie für jede Berührung, halten Sie an, belohnen Sie den Hund und wiederholen Sie. Führen Sie mal nach rechts, mal nach links. Versuchen Sie, ob Sie den Hund in einem viertel, halben oder ganzen Kreis um sich herumführen können.

 ZWEITER SCHRITT

Wenn der Hund ganz eifrig mit seinem Targetstick ist, benutzen Sie ihn unter allen möglichen Umständen: um den Hund um Hindernisse herumzuführen (z.B. einen Abfalleimer), unter einem Tisch hindurch, um die Tischbeine herum oder über niedrige Hindernisse (einen Besenstiel oder Ihr ausgestrecktes Bein). Clicken Sie und belohnen Sie reichlich für jeden ersten Erfolg. Das sind sehr gute Übungen, um das Selbstvertrauen ängstlicher Hunde zu steigern.

Gehen Sie mit dem Hund nach draußen und führen Sie ihn in dieser abwechslungsreichen Umgebung mit dem Targetstick über Hindernisse oder darum herum. Wenn er das Interesse verliert, gehen Sie einige Schritte zurück und clicken Sie einfach dafür, dass er den Target berührt, der sich nur wenige Zentimeter vor seiner Nase befindet oder dass er ihm nur ein oder zwei Schritte folgt. Lassen Sie den Hund mit Hilfe des Targetsticks ins Auto ein- und aussteigen. Lassen Sie ihn in eine Kiste klettern und wieder hinaus oder locken Sie ihn damit auf eine Schubkarre. Nutzen Sie Ihre Fantasie. Jeder neue Erfolg ist gut für Ihren Hund und stärkt auch sein Vertrauen in Sie (jeder Erfolg ist natürlich eine Belohnung für Sie!)

 DRITTER SCHRITT

Nutzen Sie andere Gegenstände als Targets. Deckel von Margarineschachteln sind gut geeignet, weil sie für den Hund gut

Griff *wird für ein freudiges Befolgen des Kommandos geclickt.*

zu sehen sind. Legen Sie solch einen Deckel auf den Boden und berühren Sie ihn mit Ihrem Targetstick. Clicken Sie den Hund, wenn er so beides berührt. Sie können auch den Deckel in Ihrer Hand halten, den Hund fürs Berühren clicken und den Deckel dann ganz allmählich zu Boden führen und Ihre Hand entfernen. Legen Sie den Deckel an unterschiedliche Plätze im Raum und clicken Sie den Hund, wenn er ihn berührt, wobei er sich jetzt von Ihnen weg bewegen muss.

Sie können beide Targetarten verwenden, um den Hund zu lehren, Agility-Hindernisse zu überwinden. Verlängern Sie die Zeit, die der Hund mit der Nase am Target verbringt. Clicken Sie einfach dafür, dass er länger und länger seine Nase am Target hält, während Sie ihn z.B. bürsten, seine Pfoten untersuchen oder seine Krallen schneiden. Der Target kann sogar dazu dienen, dass Sie dem Hund beim Tierarzt helfen still zu halten und ruhig zu stehen, während er untersucht wird.

# 101 TRICKS MIT EINER KISTE

Dies ist eine gute Übung für einen älteren oder misstrauischen Hund, der vielleicht schon etwas schlechte Erfahrung mit der Ausbildung gemacht hat.

Dieses Spiel ist abgeleitet von einem Forschungsprojekt, das Karen Pryor und andere mit Delfinen durchgeführt haben. (Siehe: »The creative porpoise: training for novel behaviour«, veröffentlicht in Journal of Experimental Analysis of Behaviour, 1969). Es ist sehr beliebt bei Hundeausbildern und besonders gut für Crossover-Hunde. Das sind solche Hunde, die schon einiges an auf Korrektur beruhendem Training hinter sich haben. Es ermuntert zur geistigen und körperlichen Beweglichkeit und macht dem Hund Mut, selbstständig neue Dinge auszuprobieren.

# ERSTER SCHRITT

Nehmen Sie einen ganz normalen Papp-Karton und schneiden Sie die Seiten auf ca. 10 cm herunter. Stellen Sie den Karton auf den Boden. Clicken Sie den Hund dafür, dass er den Karton anguckt. Geben Sie ihm ein Leckerchen. Clicken Sie ihn, wenn er zu der Kiste geht oder nahe daran vorbei, auch wenn es nur zufällig ist. Als Nächstes werfen Sie nach dem Click das Leckerchen in die Nähe oder sogar in die Kiste. Wenn der Hund dann auf die Kiste zugeht, um sich das Leckerchen zu nehmen, clicken Sie diesen Schritt und werfen ein weiteres Leckerchen. Wenn er in die Kiste steigt, ist das hervorragend. Clicken Sie wieder, auch wenn er gerade seine vorherigen Leckerchen frisst, und bieten Sie ihm ein weiteres aus Ihrer Hand an.

Manchmal kann man mit folgendem Trick ganz schnell zu einer ganzen Menge Action am Karton kommen: Clicken Sie dafür, dass der Hund auf die Kiste zu oder in die Kiste geht.

Werfen Sie abwechselnd ein Leckerchen in den Karton und ein weiteres halten Sie in der Hand, damit der Hund wieder zu Ihnen zurückkommen muss. Wenn der Hund sich noch weigert in die Kiste zu steigen und so dieses Leckerchen nicht frisst, ist das nicht schlimm: Er weiß, dass er es bekommen hat. Wenn sich die Leckerchen in der Kiste anhäufen, ist das in Ordnung. Der Hund bekommt dann einen Jackpot, wenn er in die Kiste steigt. Wenn Sie beschließen, diese Trainingseinheit aufzuhören, bevor das passiert, ist das auch in Ordnung. Heben Sie die Leckerchen aus dem Karton auf und tun Sie sie weg für eine spätere Übung. Denken Sie daran, dass Sie nie Leckerchen verteilen, ohne vorher geclickt zu haben. Und clicken Sie immer nur für einen Grund: für ein bestimmtes Verhalten des Hundes.

Wenn Sie noch mehr Verhaltensweisen brauchen, die Sie clicken können, können Sie sich selbst im Raum bewegen, so dass die Kiste zwischen Ihnen und dem Hund ist. So ist die Wahrscheinlichkeit höher, dass der Hund einige Schritte in Richtung der Kiste macht. Rufen Sie den Hund nicht, klopfen Sie auch nicht an die Kiste, erzählen Sie nichts, versuchen Sie nicht, den Hund zu ermutigen, »helfen« Sie ihm nicht! Alle diese Dinge würden ihn wahrscheinlich nur noch misstrauischer machen. Clicken Sie einzelne Schritte in Richtung der Kiste, wobei es egal ist, aus welcher Entfernung der Hund sie macht, und belohnen Sie diese. Wenn Sie für die Bewegung in Richtung der Kiste fünf bis sechs gute Clicks anbringen können und der Hund dann »das Interesse verliert« und weggeht, ist das in Ordnung. Sie können zu einem späteren Zeitpunkt wieder »Kiste« spielen. In der Zwischenzeit werden die Verstärkungen, die Sie anbringen konnten, die Arbeit für Sie machen. Mit jeder kleinen Übungseinheit wird es beim nächsten Mal besser klappen. Schließlich bringen Sie Ihrem Hund neue Regeln für ein neues Spiel bei. Wenn Sie Ihren Hund bisher nach konventioneller Methoden ausgebildet haben, wird er sich an die allgemeine Regel halten: »Warte, bis du gesagt bekommst, was du tun sollst.« Die erste Regel des neuen Spiels

101 DINGE, DIE MAN MIT EINER KISTE MACHEN KANN

Peg *ist eine zehnjährige Spitzhündin. Hier zeigt sie, dass man auch alten Hunden neue Tricks beibringen kann. Anfangs wird geclickt, wenn sie nur in die Nähe der Kiste kommt.*

»Denk' dir was aus und ich werde es clicken.« Das ist eine große Anforderung, also haben Sie Geduld, wenn der Hund daran arbeitet. Hier hat Peg *ihre Pfote in die Kiste gestellt.*

Wenn Sie die Kiste das nächste Mal hervornehmen, weiß der Hund schon, dass er etwas mit der Kiste machen soll, um an Click und Leckerchen zu kommen. Peg *zeigt hier schon große Begeisterung für dieses neue Spiel.*

Wenn man auf die Kiste springt, verdient man sich einen Click ...

... und auch, wenn man wieder herunter springt.

Hier probiert Peg *etwas Neues - nämlich in die Kiste zu gehen. Auch dafür bekommt sie einen Click*

Erfolg spornt an und Peg *geht weiter in die Kiste.*

Durch diese Übung wird ihr Hund einfallsreich. Peg *weiß schon, dass sie nur einen Click bekommt, wenn sie ein neues Verhalten anbietet, deshalb versucht sie es mit einem Hinlegen an der Kiste. Click! Eine gute Möglichkeit, die Übungseinheit zu beenden.*

ist jedoch schwer: »Tu etwas selbstständig, und ich clicke.«
Zu diesem Zweck ist das Kistenspiel sehr wertvoll. Die ersten
kleinen Schritte sind besonders aufregend - obwohl sie für
einen Zuschauer kaum sichtbar sind.

Beenden Sie die erste Trainingseinheit mit »einem Click
für nichts« und einem Jackpot, der aus einer ganzen Hand voll
Leckerchen besteht. Hmm. Das nächste Mal, wenn der Papp-
karton zum Vorschein kommt, wird er sich der neuen Möglichkeiten bewusst sein. Clicks, Leckerchen, Jackpots! »Mit
diesem Karton benimmt sich mein Mensch seltsam. Aber im
Großen und Ganzen mag ich sein seltsames Verhalten. Die
Kiste? Was kann ich bloß damit machen?« Wenn Ihr Hund
sehr zögerlich ist, werden Sie diese erste Übung vielleicht
noch ein-, zweimal oder noch öfter wiederholen müssen, bis
der Hund etwas »denkt«, was sich für uns vielleicht so anhö-
ren würde: »Dieses komische Click-Geräusch bedeutet, dass
mein Mensch mir köstliches Futter gibt. Die Kiste ist keine
Falle, sondern ein Signal, dass es wieder Click-und-Lecker-
chen-Zeit ist. Wenn ich nur herausfinden würde, wie ich
meinen Menschen dazu bringe, zu clicken.«

 ZWEITER SCHRITT

Hier kommen einige Verhaltensweisen, die Sie clicken können, egal ob sie in einer einzigen Übungseinheit auftauchen
oder erst einige Übungseinheiten später. Clicken Sie den
Hund dafür, dass er in die Kiste steigt, dass er die Kiste vorwärts schiebt, dass er eine Pfote darauf setzt, dass er hinein-
beißt, dass er daran schnüffelt, dass er die Kiste mitschleppt,
dass er sie hochhebt, dass er sie knufft - kurz gesagt, für alles,
was er mit der Kiste macht.

Denken Sie daran, zu clicken während der Hund das Verhalten zeigt, nicht, nachdem er damit aufgehört hat. Er wird
natürlich aufhören, sobald Sie geclickt haben, um sich sein
Leckerchen abzuholen. Weil aber der Click das entsprechende
Verhalten markiert hat, wird der Hund dieses Verhalten wieder

zeigen oder eine Abwandlung davon, um wieder einen Click zu bekommen. Sie werden also das Verhalten nicht verlieren, wenn Sie es mit dem Click unterbrechen.

Vielleicht haben Sie am Ende eine ganze Fülle an Verhaltensweisen, die mit der Kiste zusammenhängen. Großartig! Ihr Hund ist schon dabei, eine kreative Problemlösung zu lernen. Wenn es zu viel wird und Sie gar nicht entscheiden können, was Sie clicken wollen, geben Sie einfach einen Jackpot und beenden Sie die Übung. Jetzt müssen Sie sich einige Gedanken zwischen den Übungseinheiten machen.

Vielleicht haben Sie aber auch einen Hund, der systematisch und langsam vorgeht und vorsichtig austestet: Der Hund wiederholt vorsichtig genau das, was Sie zuvor geclickt haben, z.B. eine Pfote in der Kiste. Schön, aber in dem Moment müssen Sie flexibler werden mit dem, was Sie clicken, damit sich das Verhalten nicht wie bei einem Sprung in der Platte ständig wiederholt. Pfote, Click. Pfote, Click. Pfote, Click. So gewinnt man das Spiel nicht.

Wenn der Hund also anfängt, dasselbe Verhalten wieder und wieder anzubieten, halten Sie sich mit dem Clicken zurück. Er zieht die Pfote zurück und Sie warten einfach. Ihr Verhalten hat sich geändert; und das wird auch das Verhalten des Hundes ändern. Vielleicht wird Ihr Hund seine Pfote jetzt länger in der Kiste lassen. Das ist toll, denn das ist etwas Neues, was Sie clicken können. Vielleicht wird er seine Pfote auch zurückziehen. Auch das könnten Sie ein- oder zweimal clicken. Vielleicht wird er auch die andere Pfote in die Kiste stellen ... toll, clicken Sie das! Jetzt wird er dann vielleicht etwas Neues ausprobieren.

Und dann? Wo führt uns das alles hin? Hat Ihr Hund erst einmal verstanden, dass es bei diesem Spiel darauf ankommt, mit der Kiste herumzualbern, wird er Ihnen genügend Verhaltensweisen anbieten, aus denen Sie selektieren können. Jetzt fangen Sie an, nur für bestimmte Verhaltensweisen zu clicken, und zwar für solche, die zu einem bestimmten Ziel führen. Es ist so, als hätten Sie eine ganze Kiste von Scrabble-Buchstaben und suchten sich davon jetzt welche heraus, die ein Wort bilden. Dieses Vorgehen ist ein Teil des »Formens«.

DRITTER SCHRITT

Abwechslungen und Endergebnis: Was kann man aus diesen Verhalten am Pappkarton formen?
Verhalten: *Geh' in die Kiste und bleibe da*
Anfangsverhalten: Der Hund stellt eine Pfote in die Kiste. Clicken Sie und werfen Sie ein Leckerchen. Dann clicken Sie nicht mehr, sondern warten einfach ab, was passiert. Vielleicht stellt er jetzt zwei Pfoten in den Karton. Click. Als Nächstes stehen vier Pfoten in der Kiste und damit der ganze Hund. Andere Möglichkeiten: in der Kiste sitzen oder liegen; in der Kiste bleiben, bis geclickt wird; in der Kiste bleiben, bis gerufen wird und dann geclickt wird fürs Kommen.

Nutzen: Das Verhalten kann man gut gebrauchen, um den Hund auf seinen Platz oder in seine Schlafbox zu schicken. Oder lassen Sie Kinder ihren Spaß haben und sich mit dem Hund anfreunden, indem sie ihn dafür clicken, dass er in eine Kiste und wieder heraus springt (was man übrigens auch gut mit einer Katze machen kann). Ein mir bekannter Lehrer bringt seinen Hund, einen Papillon, zu bestimmten Anlässen in einem Picknick-Korb mit in die Schule. Wenn der Korb geöffnet wird, springt der Hund heraus, spielt mit den Kindern und hüpft anschließend wieder in den Korb.

Verhalten: *Die Kiste tragen*
Anfangsverhalten: Der Hund schnappt sich eine Ecke der Kiste mit den Zähnen und hebt sie vom Boden hoch.

Nutzen: Eine Kiste tragen; einen Korb tragen; Dinge aufräumen, wie z.B. Zeitschriften wieder zurück auf den Stapel legen; Spielsachen in eine Spielzeugkiste einräumen. Einen

66

Hund, der die allgemeine Regel gelernt hat »Dinge mit dem Maul aufzuheben, lohnt sich«, kann man viele daraus abgeleitete Verhaltensweisen lehren.

Verhalten: *Stülpe die Kiste über dich selbst*
Ich weiß nicht, wozu es gut sein soll, aber man bekommt es ziemlich schnell. Dieses Verhalten taucht oft auf bei dem Spiel »101 Dinge, die man mit einer Kiste tun kann«. Wenn der Hund feste genug an die Kante der Kiste stößt, wird sie umkippen. Mein Border-Terrier Skookum entdeckte, dass er den Papierkorb im Wohnzimmer über sich stülpen konnte, so dass er darin versteckt war. Dann lief er los und der Papierkorb wanderte auf mysteriöse Weise. Ohne Zweifel war das die witzigste Sache, die all unsere Gäste je bei einem Hund gesehen haben. Und weil Terrier es lieben, wenn man mit ihnen lacht (nicht wenn sie ausgelacht werden!) brauchte es auch keine Clicks und Leckerchen, um dieses Verhalten aufrecht zu erhalten. Er lernte auch zu warten, bis er dazu aufgefordert wurde, gewöhnlich, wenn wir Besuch hatten.

SO WERDEN SIE EIN BESSERER AUSBILDER

ABWECHSLUNG EINBAUEN
Um das Training interessant zu gestalten, um Fortschritte zu machen und nicht auf der Stelle zu bleiben, müssen Sie die Anforderungen für das Clicken immer mehr erhöhen: Sie müssen das Verhalten immer anspruchsvoller machen und den Hund mehr und mehr fordern bevor Sie clicken. Als Beispiel zeige ich Ihnen hier einige Möglichkeiten, wie Sie das einfache »Platz« anspruchsvoller gestalten können.

Bewegen Sie sich vom Hund weg und clicken Sie ihn dafür, dass er liegen bleibt, obwohl Sie weggegangen sind.

Gehen Sie nach rechts oder links oder frontal weg; springen Sie hoch und runter; seien Sie laut und lassen Sie sich verrückte Dinge einfallen. Clicken Sie den Hund, wenn er trotz allem liegen bleibt. Gehen Sie auch mal um den Hund

DIE ANFORDERUNGEN STEIGEN

Das »Platz« ist eine recht einfache Übung, man kann sie jedoch etwas schwieriger gestalten.

Rowan *wird dafür geclickt, dass er liegen bleibt, während seine Halterin sich seitwärts bewegt.*

Er wird geclickt, wenn er liegen bleibt, wenn seine Halterin wieder die Position wechselt.

Click! Rowan *verdient eine große Belohnung dafür, dass er liegen bleibt, während sein Mensch über ihn steigt.*

herum, fassen Sie ihn an und gehen Sie dann wieder einen Schritt zurück. Clicken Sie ihn, wenn er im »Platz« bleibt. Wenn er aufsteht, warten Sie, bis er sich wieder hinlegt. Dann clicken Sie ihn fürs Hinlegen (und geben selbstverständlich auch Leckerchen). Versuchen Sie dann Ihre Ablenkung noch einmal und geben Sie dem Hund eine erneute Chance, liegen zu bleiben, während Sie Ihre Bewegungen machen.

Spielen Sie das »Platz«-Spiel auch an neuen Orten, wie z.B. draußen. Haben Sie keine Angst, den Hund ein- oder zweimal an diesem neuen Ort ins »Platz« zu locken. Aber dann warten Sie, dass er sich von sich aus hinlegt und clicken Sie das. Wenn Sie den Hund das erste Mal in einer neuen Umgebung für »Platz« clicken wollen, sollten Sie »zurück in den Kindergarten gehen« und es für den Hund sehr einfach machen.

Verlängern Sie die Zeit, die der Hund liegen bleiben soll. Gestalten Sie das abwechslungsreich: manchmal fünf Sekunden, manchmal zwanzig. Erwarten Sie von einem Welpen nicht mehr als dreißig Sekunden. Für ein drei- oder fünfminütiges »Platz« ohne Verstärkung muss der Hund schon alt genug sein, um diese Langeweile tolerieren zu können.

DAS KOMMANDO EINFÜHREN

Manchmal wird ein Hund Ihnen ein Verhalten, wie z.B. das »Platz«, das er auf diese Weise gelernt hat, den ganzen Tag lang wieder und wieder anbieten: Er kommt angestürmt und wirft sich Ihnen regelrecht vor die Füße, in der Hoffnung, ein Leckerchen dafür zu bekommen. Das ist der perfekte Zeitpunkt, dem Hund ein Signal oder Kommando beizubringen, nämlich den Namen für dieses Verhalten, wie z.B. das Wort »Platz«.

Sie zeigen jetzt dem Hund einige Tage lang, dass das Hinlegen immer noch gut ist, um einen Click zu bekommen, aber nur nachdem Sie dieses Schlüsselwort gesagt haben (oder das Schlüsselsignal gegeben haben), das eben »Platz« bedeutet. Sie möchten, dass Ihr Hund über mehrere Wiederholungen entdeckt, dass es keine Clicks und Leckerchen mehr gibt, wenn er sich von sich aus hinlegt; dass er sich jedoch sicher sein kann, eine Belohnung zu bekommen, wenn er auf das richtige Signal wartet, bevor er Ihnen das »Platz« anbietet.

Sagen Sie »Platz« gerade bevor er sich sowieso hinlegen will, Click und Leckerchen. Fordern Sie ihn auf aufzustehen. Wiederholen Sie das Ganze. Nachdem Sie zwei oder drei Mal das Kommando gegeben haben und sein Hinlegen daraufhin belohnt haben, warten Sie etwas. Lassen Sie den Hund sich von sich aus hinlegen und reagieren Sie nicht darauf. Fordern Sie ihn wieder auf aufzustehen, geben Sie das Kommando »Platz« und clicken Sie sein nächstes Hinlegen. Wiederholen Sie diesen Prozess, indem Sie das Hinlegen nach dem Kommando clicken, es jedoch ignorieren, wenn Sie nicht zuvor das Kommando gegeben haben. Wiederholen Sie das täglich acht- oder zehnmal eine Woche lang. Das ist das Konditionieren auf ein Kommando. Anfangs geht das etwas langsam und braucht mehr Wiederholungen wie das reine operante Konditionieren.

Haben Sie Geduld; hat der Hund erst einmal drei oder vier Kommandos durch diese Wiederholungen gelernt und gehen sie ihm in Fleisch und Blut über, wird er in der Lage sein zu generalisieren, das heißt in diesem Fall, den Sinn des Kommandos zu verstehen. Die nachfolgenden Kommandos werden dann viel schneller gelernt.

Möchten Sie lieber ein Handsignal verwenden (viele Hunde reagieren zu Anfang besser auf Handsignale als auf Wörter), ersetzen Sie einfach das gesprochene Kommando in der oben gegebenen Anweisung durch das von Ihnen gewählte Handsignal. Eine mit der Handfläche nach unten zeigende Hand ist das übliche Signal für »Platz«.

Reagiert der Hund gut auf das Signal, versuchen Sie, es aus einer größeren Entfernung zu geben oder dann, wenn der Hund mit anderen Dingen beschäftigt ist, oder in abwechslungsreichen Situationen. Ihr übermächtiger Clicker wird Ihnen eine große Hilfe sein, dem Hund zu vermitteln, dass es sich lohnt auf diese Signale zu achten, egal wann und egal unter welchen Umständen. (Weitere Informationen darüber, wie man ein Verhalten auf Signal setzt finden Sie in Kapitel 3 von Karen Pryors Buch »Positiv bestärken - sanft erziehen«.)

VIELE VERHALTEN GLEICHZEITIG TRAINIEREN

Sie brauchen Ihr Clickertraining nicht allein auf das zu beschränken, was in dem Programm oben erklärt wurde. Gleich von Anfang an können Sie zusätzlich überall im Haus Clicker verteilen und den Hund für andere gewünschte Verhalten clicken, wann immer es sich gerade anbietet. Zum Beispiel ist es sehr hilfreich, den Welpen zu clicken, wenn er sein Geschäft an einer geeigneten Stelle erledigt. Dem Welpen die Stubenreinheit zu lehren, wird um vieles einfacher, wenn man einen Clicker und Leckerchen an der Haustür deponiert hat oder sie in der Jackentasche immer dabei hat.

Sie können Ihren Welpen oder Ihren erwachsenen Hund auch für andere gewünschte Verhaltensweisen clicken, z.B. fürs Stillstehen, während Sie ihn bürsten. Sie werden den Hund nicht damit verwirren, wenn Sie ihn für viele unterschiedliche Dinge clicken. Der Clicker bedeutet: »Gewonnen!« Der Hund wird gerne lernen, dass es viele Möglichkeiten gibt, seinen Mensch dazu zu bringen, dass er clickt. Der Hund wird sich dadurch ganz toll vorkommen!

SUCHEN SIE SICH EINEN TRAININGSPARTNER

Es ist eine schöne Möglichkeit, das Clickertraining zu entdecken, wenn man einen Freund mit Hund hat und mit ihm gemeinsam beginnt. In diesem Kapitel habe ich mehrere Verhalten vorgestellt, die Sie ausprobieren können. Wenn Sie sich dann jeder eine andere Übung für den Beginn aussuchen, können Sie gut Ihre Entdeckungen austauschen und sich gegenseitig für Erfolge bestärken.

Im Team zu trainieren ist auch sehr nützlich. Manchmal erkennt ein Beobachter viel leichter, was der Hund gerade macht als der Halter, so z.B. wenn man den Hund trainiert,

ÜBUNGEN, DIE MAN ALLEINE MIT DEM HUND MACHEN KANN

Sehr viele Dinge kann man alleine trainieren. Hier lernt Toby *zu winken.*

Hier lernt er, zwischen den Beinen seiner Halterin hindurch zu springen. Das ist z.B. ein Kunststück, das im Dogdancing angewandt wird.

schön für den Ausstellungsring zu laufen oder für die Unterordnung korrekt zu sitzen. Eine Person ist dann für Hund und Leckerchen zuständig und fordert das bestimmte Verhalten. Die andere Person beobachtet und clickt, wenn der Hund sich korrekt bewegt. Der Hundeführer gibt dann die Belohnung.

TEAMWORK

Es gibt auch Übungen, bei denen man einen Helfer braucht, der den Clicker bedient.
Hier lernt Toby, *durch die Arme seiner Halterin zu springen.*

Sie können sich darin abwechseln, wer den Hund führt und wer beobachtet. Sie können jeweils Ihren eigenen Hund führen oder auch den anderen. Auf diese Art und Weise kann sich der Beobachter völlig auf den Hund konzentrieren und darauf zur richtigen Zeit zu clicken, während der Hundeführer sich mit Leine, Leckerchen und Hund beschäftigt. Im Team zu trainieren beschleunigt Ihr Lernen um einiges und gibt dem Hund mehr brauchbare Information. Außerdem macht es Spaß!

WERDEN SIE IMMER BESSER
Nutzen Sie alle möglichen Quellen.
Es gehört viel mehr zum operanten Konditionieren als diese grundlegenden Techniken des Formens wie sie hier beschrieben sind. Wenn Sie den Hund für spezielle Dinge oder für Wettkämpfe ausbilden, sollten Sie sich auch mit Verhaltensketten, variablen Verstärkern und all den vielen anderen hervorragenden Möglichkeiten, die man im Clickertraining hat, auskennen. Im Quellennachweis (Seite 111) finden Sie Vorschläge an Büchern oder Videos, die interessant für Sie sein könnten, wenn Sie sich weiter mit der Materie befassen wollen.

KAPITEL VIER

CLICKER TIPPS

Ratschläge für angehende Clickertrainer

D iese Tipps dienen zum näheren Verständnis bei der Arbeit am Kapitel »So fangen wir an«. Sie befassen sich mit den häufigsten Fehlern, die angehende Clickertrainer machen.

Immer zuerst clicken, dann die Belohnung

Bei dieser Art der Ausbildung wird der Hund nicht mit Leckerchen gelockt. Sie dürfen ihm also nicht mit Leckerchen in der Hand zeigen, was er machen soll. Was Ihr Liebling dann tut, während Sie die eigentliche Belohnung geben, ist nebensächlich. Wichtig ist, was er tut, wenn er den Click hört. Der Click beendet erst einmal die Übung. Sie können dann ein Leckerchen geben und anschließend wieder zur Übung zurückkehren. Der Hund wird keine Probleme damit haben.

Clicken Sie immer genau in dem Moment, in dem das gewünschte Verhalten passiert

Der Click ist eine Botschaft, die direkt in das Nervenzentrum des Tieres geht und ihm damit sagt: »Was du genau in dem Moment gemacht hast, lohnt sich für dich.« Clicken Sie daher auf die Sekunde genau. Wenn Sie z. B. Ihrem Hund beibringen wollen über ein Hindernis zu springen, dürfen Sie nicht clicken bevor der Hund springt. Clicken Sie auch nicht nach dem Sprung, wenn er wieder alle Füße auf der Erde hat. Genauso wenig dürfen Sie clicken, wenn Sie denken, dass der Hund gleich springen wird. Sie sollten genau in dem Moment clicken, in dem der Hund in der Luft ist. Hat Ihr Hund das Springen verstanden, können Sie dann z. B. auch die Art und Weise seiner Landung verbessern, indem Sie eben genau in diesem Moment clicken. Das Futter kann dann später kommen; der Click war ja die wichtige Information.

Clicken Sie immer nur einmal

Widerstehen Sie der Versuchung, für ein besonders gutes Verhalten öfter als einmal zu clicken. Es ist das Timing, worauf es ankommt. Es ist wichtig, wann der Click ertönt, um dem

DAS RICHTIGE TIMING

Hier lernt Chase, *wie man sich für eine Ausstellung richtig positioniert. Er wird dafür geclickt und weiß, dass ein Leckerchen folgen wird.*

Fang! Chase *wird mit einem Leckerchen belohnt.*

Tier zu zeigen, was man von ihm möchte. Wenn Sie mehrmals hintereinander clicken, kann das Tier nicht erkennen, welcher Click der Wichtige ist. Sein Verhalten wird sich nicht verbessern. Außerdem könnte das Tier meinen, dass es sich nur lohnt, für mehrere Clicks zu arbeiten.

Clicken Sie nie, um den Hund zu rufen oder um seine Aufmerksamkeit zu bekommen

Natürlich wird das funktionieren, wenigstens zu Anfang. Wenn Sie in der Vergangenheit Schwierigkeiten hatten Ihren Hund zu rufen, wird dieser scheinbare Gehorsam sehr überraschend für Sie sein und Sie könnten sich dadurch verleiten lassen, den Click als Rufkommando zu gebrauchen. Aber seien Sie vorsichtig! Wenn Sie Ihren Hund immer wieder mit dem Click rufen oder versuchen, ihn damit von etwas Interessantem abzulenken, wird der Clicker seine Informationskraft verlieren. (Anmerkung des Übersetzers: Und bedenken Sie:

Sie belohnen den Hund immer für das, was er gerade in dem Moment tut, wenn Sie clicken!)

Benutzen Sie den Clicker nie als Startsignal oder um Ihren Hund aufzumuntern

Sie sollten sich immer überlegen: »Was verstärke ich in diesem Moment, wenn ich jetzt clicke?" Wenn Ihr Hund zögerlich ist oder im Tempo zurückbleibt und Sie clicken, um ihn aufzumuntern, verstärken Sie in Wirklichkeit genau dieses Zögern oder Zurückbleiben. Clicken Sie nur für ein Verhalten, das Sie auch wirklich wollen.

Verwenden Sie die richtigen Leckerchen in richtiger Größe

Hier einige Regeln, was die Leckerchen angeht:
- Beginnen Sie mit dem Training, wenn Ihr Hund hungrig ist. Viele Hundebesitzer legen z.B. vor jeder Mahlzeit des Hundes eine fünfminütige Clickersession ein.
- Lassen Sie dem Hund nicht den ganzen Tag Futter stehen; füttern Sie ihn zu festen Zeiten. Wenn es aus irgendwelchen Gründen nötig sein sollte, dass er die meiste Zeit Futter zur Verfügung hat (wie es Tierärzte für die meisten Vögel und Kleintiere empfehlen), nehmen Sie das Futter wenigstens 2-3 Stunden vor der Übungseinheit weg.
- Die Leckerchen sollten ein Teil der gesamten Futterration des Hundes sein; wenn Sie sehr viele Leckerchen verwenden, ziehen Sie diese von der normalen Ration ab.
- Finden Sie heraus, nach welchen Leckerchen Ihr Hund wirklich verrückt ist.
- Die Ausbildung sollte Spaß machen. Bauen Sie immer einige leichte Übungen ein, wenn Sie an etwas Schwererem arbeiten.

Variieren Sie die Schwierigkeiten der Aufgaben

Als Kind hasste ich meine Klavierstunden. Immer wenn ich ein Stück gemeistert hatte, bekam ich ein neues, schwereres auf. Nie konnte ich wirklich genießen, was ich gelernt hatte.

Bauen Sie Ihre Übungen nicht so auf, dass Sie sich immer von bekannten, leichteren Aufgaben zu neuen, schwereren Aufgaben hinarbeiten. Sonst haben Sie große Chancen, dass der Hund lernt, das Training zu hassen und nicht mehr mitmachen will. Wenn Sie z.B. an der Dauer eines Verhaltens arbeiten, variieren Sie immer zwischen mal Leichterem und mal Schwererem. Wenn Sie also gerade mit ihm üben, dass er für 30 Sekunden auf seiner Matte liegen bleibt, clicken Sie mal nach 10, dann nach 25, 15, 35, 10, 40 Sekunden usw.

Bauen Sie die Übungen immer so auf, dass der Hund erfolgreich sein kann. Beenden Sie eine Übungseinheit immer mit einer einfachen Übung, die der Hund gerne ausführt, damit er sich eine Belohnung verdienen kann.

Gestalten Sie ihre Übungseinheiten kurz und abwechslungsreich
Üben Sie nicht immer wieder dasselbe
Trainieren Sie immer nur kurz. Drei Übungseinheiten von je fünf Minuten sind besser als dreimal eine halbe Stunde lang, wobei Sie und das Tier nur müde werden. Sie brauchen bei dieser Art des Trainings keine ständigen Wiederholungen bis das Tier lernt, um was es geht.

Ausbilder, die sonst immer nur mit Korrektur gearbeitet haben, sind oft erstaunt, wie schnell die Tiere durch Formen und Verstärken lernen. Mit dem Clicker kommunizieren Sie mit Ihrem Tier. Wenn Sie ihm auf diese Art und Weise etwas erfolgreich übermittelt haben, wird es das Gelernte immer wieder gerne zeigen, selbst wenn Tage, Wochen oder Monate zwischen den einzelnen Trainingseinheiten liegen.

Zerlegen Sie jede Übung in kleine Schritte
In der herkömmlichen Ausbildung wird immer direkt das fertige Verhalten gefordert. »Bei Fuß« bedeutet »Gehe an meiner linken Seite, egal wo ich hingehe«. Jedes Abweichen von diesem Verhalten wird korrigiert, so lange bis das Tier schließ-

IN KLEINEN SCHRITTEN VORWÄRTS

Das italienische Windspiel zeigt das Apportieren nicht von sich aus. Unterteilt man die Übung in kleine Schritte und clickt jeden Zwischenschritt, lernt Whilan schnell, worum es geht.

1. Hier wird Whilan das Spielzeug gezeigt und er wird aufgemuntert, damit zu spielen.

2. Anfangs ist er noch zögerlich. Er wird hier jedoch schon für sein Interesse geclickt.

3. Der Click für das Interesse hat ihm Sicherheit gegeben und er traut sich hier, schon mehr zu spielen. Auch dafür wird er geclickt.

4. Hier sind wir schon einen guten Schritt weiter. Whilan zeigt, dass er bereit ist, das Spielzeug aufzunehmen. Click!

5. Jetzt ist es Zeit, die Übung zusammen-
zusetzen. Die Halterin bereitet sich
darauf vor, das Spielzeug zu werfen.

6. Whilan *rennt und nimmt das Spielzeug auf. Anfangs wird er dafür noch geclickt. Wenn er später
die Übung beherrscht, wird nicht mehr jeder Zwischenschritt geclickt, sondern es gibt den Click
die Belohnung erst am Ende der Übung.*

7. Whilan *läuft mit Spielzeug zu seiner
Halterin zurück.*

Click! Whilan *bringt das Spielzeug seiner
Halterin. Jetzt bekommt er die Belohnung.*

lich keine Korrektur mehr braucht und das gewünschte Verhalten über einen längeren Zeitraum hin zeigt. Ein Verhalten über positive Verstärkung zu formen funktioniert ganz anders. Wir zerlegen das gewünschte Verhalten in viele kleine Zwischenschritte. Das Tier lernt bei jedem dieser Schritte, wie es sich seine Belohnung verdienen kann. Als Trainer muss man zwar mehr Kopfarbeit leisten und sich mehr konzentrieren, aber die Geschwindigkeit, in der ein Tier lernt, kann sensationell sein.

Manchmal kommt es einem jedoch so vor, dass der Hund anscheinend keine Fortschritte mehr macht. Das Lernen ist scheinbar zu einem Stillstand gekommen. Aber machen Sie sich nichts daraus: ein solcher Stillstand geht oft einem großen Fortschritt voraus. Es ist hilfreich, jede Übungseinheit mit einer kurzen Wiederholung zu beginnen.

Wenn Ihr Hund ein Verhalten, das er eigentlich schon konnte, auf einmal nicht mehr zeigt, »gehen Sie zurück in den Kindergarten«

Manchmal bedeuten kleinere Veränderungen in der Umgebung für den Hund mehr, als wir uns vorstellen können. Es kann z.B. sein, dass ein Hund, der zu Hause oder auch in der Hundeschule ganz toll bei Fuß geht oder auch kommt, wenn er gerufen wird, an einem anderen Ort so tut, als hätte er dieses Kommando noch nie zuvor gehört. Schimpfen Sie nicht! Tun Sie lieber so, als hätten Sie dieses Verhalten nie zuvor trainiert. Fangen Sie noch mal da an, wo Sie den Hund das erste Mal geclickt haben, z.B., dass er aus ein Meter Entfernung kommen sollte. Als Nächstes arbeiten Sie sich wieder durch die einzelnen Übungsschritte, nur diesmal in der neuen Umgebung. (Sicherheitshalber halten Sie den Hund hierbei an der Leine.) Wir nennen das »Zurück in den Kindergarten«. Oft ist eine Wiederholung dieses Formungsprozesses schon ausreichend, um ein Verhalten in einer neuen Umgebung zu festigen. Vielleicht brauchen Sie dazu eine Übungseinheit oder auch mehrere, aber es wird mit Sicherheit schneller gehen als beim ersten Mal. Denken Sie daran, ihrem Hund einen Jackpot zu geben, wenn es in einer Übungseinheit geklappt hat.

Glauben Sie nicht, Sie könnten die Gedanken Ihres Hundes lesen

Manchmal können wir vielleicht vermuten, wie der Hund sich fühlt (manchmal irren wir uns da aber auch). Aber warum er sich so fühlt oder warum er gerade eine bestimmte Sache tut, können wir bestenfalls raten.

Wenn der Hund mal nicht das tut, was Sie erwarten, können Sie immer Leute finden, die sagen, dass das aus einem bestimmten Grund passiert. Häufig hört man Sätze wie: Der Hund »ist gestresst«, er »nutzt die Prüfungssituation aus«, er »versucht dir eins auszuwischen«, »der Hund ist zu dominant« oder »er muss mal eine schlechte Erfahrung gemacht haben«. Diese Leute versuchen Ihnen dann klarzumachen, wie sie mit diesen scheinbaren Ursachen umgehen würden, meist indem sie Strafen verwenden.

Hören Sie nicht darauf! Zeigt Ihr Hund ein Verhalten, das er eigentlich schon konnte, aus irgendeinem Grund nicht mehr, verschwenden Sie nicht viel Zeit damit, sich zu überlegen, warum das so ist. Den Grund werden Sie vielleicht nämlich nie finden. Vielleicht dachte der Hund, dass die Regeln nur funktionieren, wenn Sie Ihre weißen Schuhe an haben, und ausgerechnet heute tragen Sie Ihre neuen farbigen Adidas. Gehen Sie einfach zurück in den Kindergarten, wiederholen Sie das Formen, belohnen Sie leichtere Schritte, bis der Hund das Verhalten wieder wie gewohnt zeigt.

Hören Sie immer auf, wenn es am schönsten ist

Wenn gerade alles gut funktioniert, ist es immer wieder sehr verlockend, eine Übung wieder und wieder zu wiederholen, bis der Hund dann irgendwann einen Fehler macht oder das Verhalten völlig zusammen0bricht. Lernen Sie aufzuhören, wenn der Hund etwas gut gemacht hat. Lassen Sie dem Hund am Ende immer ein Erfolgserlebnis. Wenn Sie mit einer Übung keinen Fortschritt machen, Sie jedoch das Training beenden wollen, wiederholen Sie einfach eine leichte Übung, damit Sie den Hund dafür clicken können.

Haben Sie Spaß

Wenn Sie feststellen, dass Sie frustriert oder ärgerlich werden, hören Sie am besten sofort auf. Diese Art der Ausbildung funktioniert nicht, wenn man wütend ist. Warten Sie einfach und versuchen Sie es später noch einmal. Eine mir gut bekannte Trainerin sagte einmal: »Das Wichtigste in der Ausbildung über positive Verstärkung ist eine Tasse Tee.« Wenn Sie also fühlen, wie der Ärger in Ihnen aufsteigt, setzen Sie sich bei einer Tasse Tee hin und überdenken Sie das, was geschehen ist. Lassen Sie nie Ihren Ärger an Ihrem Hund aus: Der Hund lernt dann nämlich nur, dass Sie unberechenbar sind.

ABER WARUM?

Die häufigsten Fragen

»Hilfe, ich weiß nicht, wie ich anfangen soll.«

Versuchen Sie nicht, an einem Problem zu arbeiten. Der Clicker ist dazu da, dem Hund ein Verhalten beizubringen und nicht, um ein Verhalten zu stoppen. Eine einfache Möglichkeit, zu beginnen, ist die, nach neuen Verhaltensweisen »zu fischen«. Wenn Ihr Hund die Übungen, die in Kapitel 2 beschrieben sind, schon beherrscht, beginnen Sie doch mit einfachen Tricks, wie z.B. im Kreis drehen, verbeugen, Pfötchen geben oder einen Target berühren und machen Sie damit Ihre ersten Clicker-Erfahrungen.

»Mein Hund hat Angst vor dem Clicker. Als er den Click hörte, ist er unterm Bett verschwunden.«

Der Hund hat Angst vor dem Clicker, weil er nicht weiß, was er bedeutet. Ihm fehlt die richtige Information. Das macht ihn misstrauisch (einige Hunde haben z.B. gelernt, jede neue Erfahrung mit einem Tierarztbesuch zu verknüpfen). Machen Sie sich keine Sorgen wegen der Angst. Arbeiten Sie daran,

Wenn Sie einen misstrauischen Hund haben, können Sie clicken, während Sie ein Leckerchen in seine Futterschüssel fallen lassen.

dem Hund die fehlende Information zu geben. Sie können das Geräusch des Clickers etwas abschwächen, indem Sie ihn in der Tasche clicken oder hinter Ihrem Rücken. Sie können auch mehrere Lagen Klebestreifen auf das Metallblättchen des Clickers kleben, um den Ton deutlich zu mildern. Als Nächstes clicken Sie nur ein einziges Mal, wenn der Hund sein Futter bekommt, oder wenn Sie ihm ein besonders gutes Leckerchen oder sein Lieblingsspielzeug hinwerfen. Clicken Sie (wieder nur einmal und in der Tasche), wenn Sie den Hund zur Tür hinaus lassen (oder wieder hinein), oder wenn Sie gemeinsam zu einem Spaziergang aufbrechen. Versuchen Sie so oft es geht alles Schöne für den Hund mit einem Click anzukündigen. Was meinen Sie, wie viele Clicks Sie vielleicht so über drei Tage hin brauchen werden, bis der Hund weiß, dass ein Click gute Neuigkeiten bedeutet?

»Was ist, wenn mein Hund keine Leckerchen mag und eben nicht für Futter arbeitet?«

Bei einem Picknick mit Ausbildern erzählte mir ein Hundebesitzer, dass sein Deutscher Schäferhund ein sehr wählerischer Esser sei und einfach nicht für Futter arbeiten wolle. Während er das erzählte, stahl sein Hund hinter seinem Rücken die übrig gebliebenen gebratenen Hähnchenstücke von weggeworfenen Papptellern. Ich nahm mir also etwas Hähnchen und trainierte den Hund in nicht mal 5 Minuten, einem Targetstick zu folgen. Also: Verwenden Sie am Anfang wirklich gute Leckerchen! Es stimmt natürlich schon, dass manche Hunde misstrauisch werden, wenn sie Leckerchen bekommen: Aus ihrer Sicht hatte kostenloses Futter außerhalb der Futterzeit bisher immer etwas Schlechtes zu bedeuten. Wenn Sie einen solchen Hund haben, beginnen Sie ganz langsam. Geben Sie ihm z.B. zweimal täglich nur wenige Male hintereinander Click und Leckerchen, ohne auf ein bestimmtes Verhalten zu achten. Machen Sie diese Übung auch nicht immer zur selben Zeit. Sie können sich auch neben seine Futterschüssel stellen und nach jedem Click ein Leckerchen hineinfallen lassen.

Auch wenn er zunächst misstrauisch ist, wird er doch die Leckerchen fallen hören. Und hat er erst einmal durchschaut, dass Sie keine gemeinen Hintergedanken haben, wird er das Futter auch nehmen. Hat der Hund dann erst einmal ein paar Möglichkeiten gelernt, wie er Sie dazu bringen kann, zu clicken und ihm ein Leckerchen zu geben, wird er die Leckerchen auch immer lieber mögen. Versuchen Sie es einfach und schauen Sie, was geschieht.

»Was ist, wenn ich mehr als einen Hund habe?«

Trennen Sie die Hunde. Arbeiten Sie nur mit einem und sperren Sie die anderen aus, nach draußen, in die Waschküche, in ihre Hundeboxen oder in die Küche. Sicher werden die anderen auch da die Clicks hören. Sie werden aber keine Leckerchen bekommen, daher werden sie auch schnell lernen, dass sie nicht gemeint sind - sie können dann jedoch gar nicht mehr abwarten, bis sie endlich an der Reihe sind.

»Wie lang sollte eine Übungseinheit sein und wie oft sollte ich trainieren?«

Kurze, 5-minütige Übungseinheiten, die Sie jederzeit einbauen können, sind anfangs die beste Lösung. Wissenschaftler haben bewiesen, dass Hunde, andere Haustiere, aber auch Menschen viel mehr in mehreren kurzen Übungssequenzen lernen, als in einer langen. Kurze Trainingseinheiten machen mehr Spaß, sind nicht so ermüdend und man kann sie besser in einen vollen Tagesablauf einbauen.

»Kann ich auch mehrere Verhaltensweisen in einer einzigen Übungseinheit trainieren?«

Selbstverständlich. Sie können in einer einzelnen Übungssequenz am »Komm«, »Sitz« und »Bei Fuß« arbeiten und Sie können außerdem noch ein oder zwei Tricks einbauen. Abwechslung macht Spaß. Sie sollten jedoch nicht an mehr als einem Detail eines bestimmten Verhaltens für ein Click und Belohnung arbeiten. Wenn Sie z.B. daran arbeiten, dass der

DIE RICHTIGE BELOHNUNG WÄHLEN

Einige Hunde arbeiten lieber für ein Spielzeug als Belohnung.

Wysiwyg *lernt gerade das »Sitz, Bleib«. Sie wird für das richtige Verhalten geclickt.*

Ihre Belohnung ist, dass sie einem Ball nachjagen darf.

Hund mit hoch erhobener Rute läuft (einer schönen Übung für den Ausstellungsring), konzentrieren Sie sich wirklich nur auf die Rute und geben Sie dafür einen Click oder eben nicht. Schimpfen Sie dann nicht mit dem Hund, wenn er z.B. trödelt und hinterher hängt. »Nicht trödeln« ist eine neue Übung. Daran müssen Sie separat arbeiten.

»Ich trainiere Leute mit ihren Hunden. Dabei sind mehrere Mensch-Hund-Teams zusammen. Ich kann mir nicht vorstellen, wie wir Clicker benutzen könnten, wobei dann 10 Leute durcheinander clicken würden.«

Man kann auch in der Gruppe mit Clicker trainieren, wie es

Clickertraining funktioniert auch, wenn man in der Gruppe übt. Diese drei Hunde achten sehr genau auf ihre Menschen, obwohl sie so nahe beeinander sind.

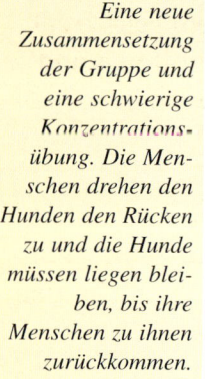

Eine neue Zusammensetzung der Gruppe und eine schwierige Konzentrationsübung. Die Menschen drehen den Hunden den Rücken zu und die Hunde müssen liegen bleiben, bis ihre Menschen zu ihnen zurückkommen.

viele moderne Hundeausbilder schon machen. Hunde hören viel besser als wir. Sie wissen, wo ihr jeweiliger Besitzer mit den Leckerchen ist und sie wissen dann auch, woher das Geräusch kommt. Ein Hund kann nach ca. drei Clicks sogar unterscheiden, welches sein Click ist.

Ein verbaler Click, also ein Wort, ist nicht so klar und eindeutig wie der Clicker. Es ist daher nicht ganz so nützlich, um neue Verhaltensweisen einzuüben. Aber ein Wort leistet dennoch gute Dienste, ein bereits gelerntes Verhalten beizubehalten. Einige Leute verwenden auch eine bestimmte Berührung, z.B. am Kopf oder Rücken des Hundes, als Ersatz für den Clicker: was auch sehr praktisch im Ausstellungsring oder während einer Prüfung ist.

»Was passiert, wenn ich einen Fehler in der Ausbildung mache? Kann ich den Hund damit ruinieren?«

Wenn Sie einen Fehler machen, lachen Sie und streicheln Sie Ihren Hund. Es wird immer mal passieren, dass Sie zu früh clicken oder zu spät, oder für das Falsche, oder dass Sie eine gute Chance verpassen. Das geht uns allen so. Auf Dauer werden Sie jedoch genügend Clicks zur richtigen Zeit anbringen, um dem Hund klar zu machen, was Sie von ihm möchten. Während eine Strafe zur falschen Zeit eine ganze Menge Schaden im Lernprozess anrichten kann, sind ein oder zwei falsche Verstärker harmlos. Clickertraining ist ein sehr kreatives Trainingssystem. Es ist etwas, dass zwischen Ihnen und Ihrem Hund abläuft und Sie verbindet. Fehler werden schnell vergessen.

»Wie reagiere ich auf die Fehler, die der Hund macht?«

Clicken Sie nicht. Das ist alles! Sagen Sie nicht »Nein«, ziehen Sie auch nicht an der Leine und versuchen Sie nicht, den Hund auf den richtigen Weg zu bringen. Bei dieser Art der Ausbildung haben Strafe, Korrektur und Zwang nichts verloren. Sie würden dem Hund nicht helfen, zu verstehen, wie er sich einen Click verdienen kann. Durch diese Dinge folgt der Hund auch nicht verlässlicher, trotz der weitverbreiteten Überzeugung vieler Hundeausbilder, dass Gewalt nötig ist. Solche Methoden schaffen aber zumindest eines, nämlich dass der Hund weniger Spaß an der Ausbildung hat.

»Aber bedeutet das etwa, dass ich meinen Hund nie strafen sollte? Was, wenn er z.B. an mir hochspringt, nach mir schnappt, das Essen vom Küchentisch klaut oder wegrennt?«

Manche Menschen glauben, dass man einen Hund nie tadelt

oder ihn körperlich kontrolliert, wenn man mit positiver Verstärkung arbeitet. Das ist unrealistisch. Leinen sind aus dem Leben der Hunde nicht wegzudenken. Man sollte einen Hund an der Leine führen, wenn man an einen unbekannten Ort geht, auch im Straßenverkehr oder bei der Begegnung mit fremden Hunden.

Und natürlich sollte der Hund verstehen, was »Nein« heißt. Sie sollten es unterbinden, wenn der Hund z.B. auf Ihren Händen oder Kleidern herumbeißt oder wenn er Möbelstücke anknabbert. Denken Sie jedoch daran, dass bei der Korrektur von unerwünschtem Verhalten das Timing genauso wichtig ist, wie bei der Belohnung von erwünschtem.

Sie sollten also reagieren genau während der Hund das unerwünschte Verhalten zeigt und weder danach, noch genau vorher, wenn Sie glauben, dass der Hund sich gleich falsch verhalten wird.

Wenn auch eine solche Korrektur oder ein Schimpfen ein unerwünschtes Verhalten stoppen kann (allerdings nur, wenn Sie auch dabei sind), sind diese Methoden nicht geeignet, dem Hund etwas Neues beizubringen. Dazu eignet sich am besten Click und Leckerchen. Bei Dingen wie Essen stehlen oder den Mülleimer ausräumen, liegt es an Ihnen, die Umwelt des Hundes so zu gestalten, dass er keinen Versuchungen ausgesetzt ist.

»Muss der Hund mich denn nicht respektieren oder sogar fürchten, wenn ich möchte, dass er auf lange Sicht hin zuverlässig gehorcht?«

Sie werden feststellen, je mehr Dinge der Hund lernt richtig zu machen, desto mehr wird er Ihnen trauen und Sie respektieren und desto leichter wird es sein, ihm beizubringen, was er nicht machen sollte. Außerdem schafft das Training über positive Verstärkung einen Hund, der Kommandos befolgt, weil er sie befolgen möchte. Er versteht seine Aufgabe und kann sich damit seines Erfolges sicher sein. Damit schafft man sich wirkliche Verlässlichkeit.

ABWECHSLUNG EINBAUEN

① *Hände hoch!*

② *Ein Schuss aus der Hüfte ...*

③ *Leg dich hin und stell dich tot!*

Sorgen Sie dafür, dass das Training sowohl Ihnen als auch dem Hund Spaß macht. Zwischen den eigentlichen Übungen kann es sehr viel Spaß machen, dem Hund kleine Tricks beizubringen. Hier zeigt Mich ihren Gangsterstrick.

Der Clicker sorgt für eine klare Verständigung bei den Gehorsams-übungen.

»Hier ist nicht oft die Rede von Kommandos. Wann sage ich denn dem Hund, was er tun soll?«

Wenn der Hund das Verhalten gelernt hat. Erst lernt der Hund z.B. dass er sich mit Sitzen ein Click und ein Leckerchen verdienen kann. Als Nächstes lernt er, dass er sich mit Hinsetzen nur ein Click und ein Leckerchen verdienen kann, wenn Sie vorher »Sitz« gesagt haben. So wird also das Kommando das Signal dafür, dass jetzt für dieses bestimmte Verhalten Leckerchen zu haben sind.

Wenn wir mit Strafe arbeiten, z. B. über Leinenruck, ist es nur fair, den Hund vorher zu warnen. Deswegen sagen wir von Anfang an »Bei Fuß«, wenn wir den Hund mit einem kräftigen Ruck zum Mitkommen auffordern. Das Kommando bedeutet also aus Sicht des Hundes: »Gehe auf richtiger Höhe auf der Seite deines Menschen, sonst tut dir der Hals weh.« Der Hund lernt, das richtige Verhalten zu zeigen, um damit zu vermeiden, dass ihm Schmerzen zugefügt werden.

Beim Clickertraining macht es keinen Sinn, dem Hund Wörter zu sagen, die ihm ja ohnehin nichts bedeuten, bis er das Verhalten wirklich gelernt hat. Das Kommando in der traditionellen Ausbildung ist ein Warnsignal. Ein Signal, wie das Kommando bei der Ausbildung über positive Verstärkung oft genannt wird, ist sozusagen das grüne Licht für ein Verhalten, das sich in der Vergangenheit schon oft bezahlt gemacht hat.

»Was ist denn, wenn ich das Signal gebe und der Hund aber nicht darauf reagiert?«

Dann haben Sie das Signal noch nicht in diesem Zusammenhang geübt. Hier ein häufiges Beispiel: Zu Hause kommt der Hund sofort, wenn er »Komm« hört, aber im Park mit den vielen Eichhörnchen ist er auf einmal taub. Das bedeutet nicht, dass der Hund ungehorsam ist. Es bedeutet nur, dass der Ausbilder unter diesen Bedingungen noch nicht häufig genug

Clickertraining ist eine große Hilfe in der Agility-Ausbildung, weil man damit den Hund auch auf Entfernung belohnen kann. Foto: Karen Pryor.

geübt hat und damit das gewünschte Verhalten noch nicht
häufig genug verstärken konnte. Man müsste dafür (zunächst
an der Leine und eben Schritt für Schritt) erst einmal das
»Komm« in einer fremden Umgebung üben, dann aus einer
weiten Entfernung und schließlich eben auch im Beisein von
Eichhörnchen. Man kommt schneller zu diesem Ziel, wenn
man wirklich Schritt für Schritt vorgeht, als wenn man sich
ärgert oder gar ein Nicht-Gehorchen bestraft.

»Wann kann ich mit den Leckerchen aufhören?«

Das ist eine sehr häufig gestellte Frage. Click und Leckerchen
sind dazu da, dem Hund ein neues Verhalten beizubringen
bzw. ein schon bekanntes in einer anderen Umgebung oder
unter schwierigeren Umständen zu üben. Ist das Verhalten erst
einmal gelernt, braucht man es nicht weiter regelmäßig zu
belohnen.

»Was ist, wenn ich mit meinem Hund an Unterordnungs- oder anderen Wettkämpfen teilnehmen möchte?«

Der Clicker ist ein wundervolles Hilfsmittel, um einem Hund
die einzelnen Aufgaben zu erklären, angefangen vom perfek-
ten Bei-Fuß-Gehen bis hin zu schwierigeren Übungen wie
z.B. der Geruchsunterscheidung (einer Übung beim Obe-
dience). Trainer mit Köpfchen versuchen in jeder Hundeausbildung Wege zu finden, wie man die einzelnen traditionellen
Übungen in kleinen Schritten formen kann anstatt über Korrektur zu arbeiten. Es erscheinen immer mehr neue Bücher
und Videos. Mehr und mehr Ausbilder nutzen das Training
über positive Verstärkung, um vom Familienhund bis zum
Polizeihund alles auszubilden. Dennoch ist das Clickertraining
in der gesamten Hundewelt noch eine recht neue Idee.
Machen Sie mit! Die anderen Pioniere auf diesem Gebiet sind
froh um jede Mithilfe!

»Wie kann ich denn den Clicker für die Unterordnung nehmen? Es weiß doch jeder, dass man ein solches Hilfs-

*mittel in einer Prüfung oder einem Wettkampf nicht ver-
wenden darf.«*

Noch einmal: Der Clicker und die Leckerchen sind Hilfsmittel, um ein bestimmtes Verhalten zu lernen. Wenn Sie zu einer
Prüfung oder einem Wettkampf gehen, sollte dieser Lern-
schritt bereits abgeschlossen sein. Bis dahin haben Sie schon
den Click durch ein Wortsignal ersetzt und das Leckerchen
durch Streicheln oder Lob. Clicker und Leckerchen sind dann
nicht mehr nötig.

Hunde, die bei einer Prüfung nicht mehr korrekt arbeiten,
sind meist die, die über Korrektur ausgebildet wurden. Mit
jeder weiteren Prüfung oder jedem Wettkampf werden sie
mehr Fehler machen. Das passiert nicht unbedingt, weil sie
wissen, dass sie in dieser Situation nicht korrigiert werden,
sondern weil das Wegbleiben der Korrektur ihnen die falsche
Information übermittelt. Sie denken dann, dass sie alles richtig machen, weil die Korrektur ja ausbleibt.

Ironischerweise darf man seinen Hund in dieser Situation
loben, man darf ihn jedoch nicht korrigieren.

Bei der Arbeit über positive Verstärkung haben Sie von
daher sogar einen Vorteil in dieser Situation.

»Mein Hund ist schon sehr gut ausgebildet. Wie baue ich den Clicker in die Ausbildung von Dingen ein, die er schon kennt?«

Fangen Sie das Clickertraining nicht mit einer Übung an, die
Ihr Hund schon kennt. Beginnen Sie mit Tricks oder eben
irgendetwas Neuem. Morgan Spector, ein Ausbilder, der auch
von der traditionellen Ausbildung zu Clickertraining kam,
nennt solche Hunde »Crossover-Hunde«.

Crossover-Hunde müssen - genau wie Crossover-Trainer -
eine ganze Menge wieder verlernen, um schließlich wieder
vieles neu zu lernen. So kann es für einen erfahrenen traditionellen Ausbilder in manchen Bereichen schwieriger sein, das
Clickertraining zu erlernen, als für Anfänger in der Hundeausbildung.

KAPITEL FÜNF

DIE CLICKER REVOLUTION

Wo sonst noch kann man
mit Clicker arbeiten?

HUNDE UND MENSCHEN LERNEN GEMEINSAM

Die wissenschaftlichen Grundlagen, die hinter dem Clicker-training stecken, sind schon seit den vierziger Jahren bekannt. Delfintrainer benutzen sie seit den sechziger Jahren in der Praxis. Trotzdem dauerte es bis in die neunziger Jahre, bis sich diese neue Technik auch bei den Hundebesitzern herumsprach. Vielleicht war mein Buch »Don't Shoot the Dog (Positiv bestärken, sanft erziehen)« der Auslöser dafür. Das war das erste populäre Buch über operantes Konditionieren. Aber ich denke, die Veränderung begann vor allem, als die normalen Hundebesitzer (nicht die Ausbilder) dieses kleine Plastikkästchen in die Finger bekamen und entdeckten, was sich damit alles erreichen ließ.

Anstatt immer nur zu gucken, was der Hund falsch macht, guckten sie auf einmal, was er richtig macht und was sie clicken konnten. Der Click belohnte nicht nur den Hund, er änderte auch die Einstellung des Besitzers.

Anstatt immer nur zu versuchen, das Fehlverhalten des Hundes wieder in Ordnung zu bringen und Probleme zu lösen, fingen die Besitzer an, nach gewünschten Verhaltensweisen zu suchen, um diese dann zu belohnen. Die Probleme verschwanden so meist ganz von alleine. Die Leute entdeckten, dass ihre Hunde viel cleverer waren, als sie dachten und hatten viel mehr Spaß mit ihnen.

Auch die Einstellung der Hunde änderte sich. Diese Person mit dem Clicker, die vorher eigentlich eher immer ein Hindernis war, bei allem was der Hund gerne machen wollte, wurde nun zu einem aufregenden und wertvollen Bekannten. Ein Hund, der entdeckt hatte, wie er seinen Besitzer dazu bringen konnte zu clicken, konzentrierte sich viel besser auf seinen Menschen und hatte natürlich viel mehr Interesse, herauszufinden, was dieser vor hatte. Zwei Lebewesen, die sich oft nicht verstanden hatten, lernten nun zusammen und wurden Partner. Clicker-Magie! Und alles, was dafür nötig war, waren einige Clicks. Wen wundert es da, dass die Leute bekehrt wurden.

SEINE EINSTELLUNG ÄNDERN

Rowan hat gelernt, die Post zu bringen. Das ist eine sehr nützliche Übung, und er genießt es, eine Möglichkeit zu haben, erfolgreich zu sein.

Außerdem brauchte man für das Clickertraining keine bestimmten körperlichen Fähigkeiten oder jahrelange Übung. Es war leicht zu lernen. Die Grundlagen konnte man sich aus einem Buch wie diesem oder aus einem Video oder aus dem Internet herausnehmen. Genauso wic man auch alleine lernen kann E-mails zu verschicken oder wie man im Internet surft, kann man auch mit dem Clickertraining ohne Trainer beginnen. Jeder konnte seine eigenen Fähigkeiten in kurzen Übungseinheiten zu Hause entwickeln. Jeder konnte auch die Grundlagen leicht anderen Leuten weitergeben, die fragten: »Wie machst du das? Zeig es mir!« Seminare, Kurse und Schulungsprogramme halfen, das Wissen zu verbreiten und die verwendeten Techniken zu entwickeln. Das Internet wurde zu einer großen Quelle an Information und Unterstützung über Webseiten, Chat-Gruppen und vor allem E-mail-Listen, wie z.B. die ursprüngliche Clicker Liste.

Als die Menschen das Clickertraining entdeckten und sich gegenseitig halfen, mehr zu lernen, entstanden Clicker Clubs und Clicker Vereine in der ganzen Welt, von Finnland bis Tasmanien, von Singapur bis Schweden, von Russland bis Brasilien. Unabhängig voneinander entstanden wundervolle und innovative Techniken und Anwendungen in Deutschland, England, Australien und in Amerika, weil ein Clickertrainer nach dem anderen seine oder ihre eigenen Clickerideen entwickelte, darüber schrieb, ein Vidco machte oder selber oder übers Internet zu unterrichten anfing. 2002 trainierten nach Daten aus dem Internet wenigstens 300.000 Menschen mit dem Clicker. Diese Bewegung, die in der Wissenschaft ihren Ursprung hat, wurde von all diesen Menschen entwickelt - und natürlich von ihren wundervollen Tieren.

CLICKERTRAINING VERBREITET SICH WEITER

Als ich 1963 im Sea Life Park in Hawaii mit dieser Art der Ausbildung zu arbeiten begann, brachten wir Delfintrainer den Tieren viele verschiedene Verhaltensweisen bei. Wir trainierten sie mit einem Markersignal, Verstärkern und einem Wort oder einer Geste als Kommando. Es waren sehr viele verschiedene Tiere darunter, wie z.B. wilde frei fliegende Seevögel, Robben, Hunde, wilde hawaiinesische Schweine, Geflügel, Fische und Kraken - und natürlich unsere Tiere zu Hause. Wir wussten, dass das Clickertraining für jedes Lebewesen funktionieren würde. Aber obwohl sich das Clickertraining in der Hundeausbildung immer weiter verbreitete, sahen konventionelle Trainer noch nicht gleich die Möglichkeiten, die sich auch für die Ausbildung von anderen Tieren auftaten.

Alexandra Kurland, eine Pferdetrainerin und Dressurreiterin, schaffte mit ihrem Buch »Clickertraining for Your Horse« 1998 den ersten Durchbruch. Bald begannen viele tausend Menschen in den Vereinigten Staaten, in Kanada, und in Europa, vor allem in Deutschland, mit dieser neuen Art der Ausbildung zu experimentieren. Sie brachten ihren Pferden alles bei, was ein Pferd können soll - ohne Sporen, Peitsche

Auch in der Pferdewelt setzt sich der Clicker mehr und mehr durch.

und Gewalt. Die Reiter und Pferdetrainer, die sich von dieser faszinieren Art der Ausbildung überzeugen ließen, schrieben Artikel in Zeitschriften, Bücher und produzierten Videos und entdeckten immer neue Anwendungsmöglichkeiten. Die Pferde waren dankbar, lernten schnell und arbeiteten viel lieber. Das Clickertraining wurde zu einer großartigen Möglichkeit, hochtrainierten Turnierpferden die letzten Feinheiten beizubringen, aggressive und gefährliche Pferde zu rehabilitieren, Fohlen und Jährlinge auszubilden und jedes Pferd sicher im Umgang zu machen. Viele tausend Amateure, die keinen großen Hintergrund in traditioneller Pferdeausbildung hatten, entdeckten, dass sie mit Hilfe des Clickertrainings ihr eigenes Pferd zu einem kooperativen Partner und Freund machen konnten, sogar wenn sie vorher einige Probleme mit dem Pferd hatten.

Natürlich funktioniert das Clickertraining auch bei anderen Tierarten. Es gibt schon Clickertrainer, die ihren Ziegen und Eseln Agility beigebracht haben, das ja eigentlich eine Sport-

Katzen lernen überraschend schnell mit Clickertraining. Foto: Karen Pryor.

art für Hunde ist. Clickertraining ist die Standardmethode bei Haltern und Züchtern von Lamas und Alpakas, die im Westen der Vereinigten Staaten weit verbreitet sind als Haustiere, Packtiere oder als Wolllieferanten. Es gibt Bücher, Videos und Webseiten über das Clickertraining von Katzen. Es ist eine wundervolle Möglichkeit, sich mit einer Katze, vor allem wenn sie ausschließlich im Haus gehalten wird, zu beschäftigen und ihr etwas zu bieten, wenn man ihr einige Tricks mit dem Clicker beibringt. Man kann damit auch unerwünschtes Verhalten ersetzen durch Aktivitäten, die schön anzusehen sind und außerdem die Gesundheit fördern.

Vögel, vor allem Papageien und deren Verwandte, verbreiten sich immer mehr als Haustiere, weil sie durch die Zucht in Gefangenschaft immer leichter zu bekommen sind. Viele Papageien entwickeln jedoch Problemverhalten, wie z.B. Schreien, Beißen oder Federpicken, was durch Strafen alles nur schlimmer wird. Clickertraining kann dem abhelfen: Mit der positiven Verstärkung und dem Markersignal bekommen selbst Anfänger schnell eine bessere Beziehung zu diesen herrlichen und interessanten - aber hochemotionalen - Tieren. Clickertrainer für Vögel haben auch Webseiten eingerichtet, um sich auszutauschen und gegenseitig zu helfen.

Die kleineren Haustiere, wie Mäuse, Ratten und Kaninchen, sind großartige Clickerkumpel speziell für Kinder ab etwa einem Alter von neun Jahren. Das Clickertraining eines solchen kleinen Tieres kann ein interessantes wissenschaftliches Projekt für die Schule sein und es ist etwas tolles, was das Kind außer Füttern und Käfig säubern mit dem Tier machen kann. Viele Nager nehmen gerne Leckerchen und sammeln sie in ihrem Nest, so dass es sehr leicht ist, sie für viele Verhaltensweisen zu clicken. Man kann sie fit halten, indem man ihnen beibringt, über einen Hindernisparcours zu laufen. Sie können lernen, einem Target, wie z.B. einem Bleistift oder einem Laserpointer zu folgen. Außerdem können sie lernen, kleine Gegenstände zu tragen oder in Kistchen zu räumen oder auf Kommando durch Reifen zu springen oder durch Tunnel zu laufen. Das Clickertraining beschränkt sich auch nicht nur auf Säugetiere. Man kann sogar einem Fisch - vorausgesetzt er ist gesund und frisst gut - ziemlich schnell beibringen, durch einen Reifen zu schwimmen oder an einen Target zu springen, indem man sein Lieblingsfutter als Leckerchen und einen Lichtstrahl als Clicker verwendet.

ARBEITSHUNDE

Clickertraining ist einfach und macht Tierbesitzern Spaß und hat das Leben vieler Haushunde verbessert. Aber könnte es sogar die traditionelle, recht zeitintensive Ausbildung für Arbeitshunde, wie z.B. Behindertenbegleithunde, Polizeihunde, die Kriminelle verfolgen und stellen oder Drogen oder Sprengstoffe aufspüren, ersetzen?

Ja, wenn der Trainer willens ist zu experimentieren. Ein Polizeihundeführer in Seattle, Washington, Steve White,

Polizeihundeausbilder haben entdeckt, dass der Clicker sehr hilfreich ist, um Suchhunden beizubringen, Drogen oder Sprengstoffe aufzuspüren.

entwickelte das Clickertraining für die Polizeihundeausbildung, wie z.B. das Fährten und den Schutzdienst. Er unterrichtet seine Technik vielen anderen Trainern. Er unterrichtet auch Clickertraining für Suchhunde, die versteckte oder illegale Substanzen aufspüren sollen, wie z.B. Drogen, Sprengstoffe, Geld oder geschmuggelte Essenswaren.

Positive Verstärkung und die Verwendung eines bestimmten Markersignals, um dem Hund die richtigen Informationen zu übermitteln, kann das Training von Suchhunden sehr vereinfachen, was immer sie auch suchen sollen. Es laufen in mehreren Ländern Experimente, wie man Hunden über das operante Konditionieren beibringen kann, Minen zu finden. Ein möglicher Vorteil ist, dass das Clickertraining den Hundeführern vor Ort unterrichtet werden kann und dass das Suchen von den einheimischen Hunden gelernt werden kann.

Momentan sieht es jedoch noch so aus, dass die Ausbildungsmethoden von Organisationen, die Hunde für diese oder andere Sucharbeiten ausbilden, von sehr traditionell bis sehr modern reichen. Die meisten bewegen sich irgendwo dazwischen.

Während die Ausbildung für Blindenführhunde recht traditionell bleibt, ist es sehr wahrscheinlich, dass im Bereich der relativ neuen Ausbildung für Servicehunde für Behinderte die positive Form angewendet wird. Diese Hunde können Körbe oder andere Gegenstände tragen, Dinge aufheben, die heruntergefallen sind, Mobiltelefone, die Fernbedienung für den Fernseher oder andere Objekte finden und bringen, Lichtschalter und andere Geräte an- und ausschalten, Türen öffnen und schließen, stützende Hilfe bieten beim Stehen und Gehen oder Rollstühle ziehen.

Viele dieser Programme, wie z.B. »Hunde für Behinderte« in England, bedienen sich eher der positiven Verstärkung als der konventionellen auf Korrektur beruhenden Ausbildung. Nina Bonderenko, Leiterin von »Canine Partners for Independence«, auch in England, bildet die Servicehunde ausschließlich über Clickertraining aus. Freiwillige clickern mit den Welpen ab einem Alter von acht Wochen für die Stubenreinheit und allgemein gute Manieren. Das eigentliche Training der Servicehunde wird dann auch mit Clicker durchgeführt.

Die, die einen solchen Hund bekommen, lernen auch das Clickertraining, so dass sie dem Hund selbstständig weitere nützliche Dinge beibringen können. Was sogar fast noch wichtiger ist, ist dass ein Mensch mit einer körperlichen Behinderung es gewöhnlich viel einfacher findet, die Fähigkeiten des Hundes durch Clicken für das richtige Verhalten zu erhalten, als nach der traditionellen Art falsches Verhalten zu korrigieren.

WIE STEHT'S MIT MENSCHEN?

Natürlich funktioniert die positive Verstärkung auch bei Menschen und ein Markersignal kann ein bestimmtes Verhalten eines Menschen viel genauer einfangen als ein gesprochenes

ARBEITENDE PARTNER

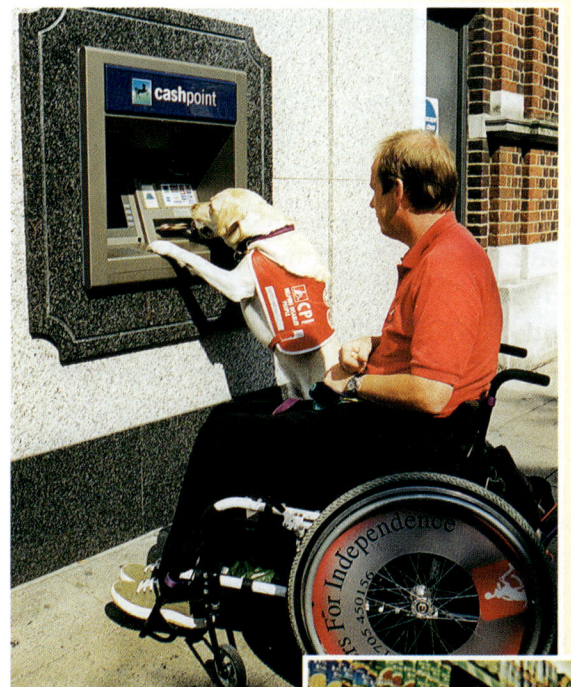

*Der Behindertenhund
Endal, der trainiert
wurde von Canine
Partners for
Independence, zeigt den
hohen Standard der
Ausbildung, den man
im Clickertraining
erreichen kann.
Fotos:
Veronica Morgan, CPI.*

Wort. Ich denke jedoch, dass man sich etwas komisch vorkommen würde, wenn man ein Kind für ein gutes Benehmen im Bus oder sagen wir im Restaurant clicken würde. In der Tat ist es aber die Einstellung, auf die es ankommt: Haben Sie sich erst einmal daran gewöhnt, auf »clickerweise" zu denken, wird Ihnen gutes Verhalten viel eher auffallen und Sie werden das belohnen anstatt dem Kind Ihre Aufmerksamkeit zu geben, wenn es etwas falsch macht.

Clickertraining funktioniert jedoch auch beim Menschen hervorragend, wenn es darum geht, bestimmte körperliche Fähigkeiten zu lernen, bei denen das Timing wichtig ist. Gymnastik ist z.B. ein Sport, bei dem die Dinge viel schneller passieren, als der Trainer reden kann; aber ein Click für eine korrekte Bewegung erreicht den Turner sogar, wenn er sich mitten in der Luft befindet. Menschen experimentieren mit Clickern bei der Ausbildung von Sängern, beim Unterrichten von Sprachen und beim Unterrichten von komplexen vielgestaltigen Aufgaben, wie z.B. das Fliegen eines Flugzeuges. Und die Fähigkeiten, die man auf diese Art und Weise gelernt hat, behält man für immer. Zum Beispiel trainierte einer meiner Freunde seine dreijährige Tochter mit dem Clicker, auf Schlittschuhen zu stehen; sechs Monate später, als die Eislaufsaison wieder begann, hatte sie von Anfang an ein perfektes Gleichgewicht.

Die Gesetze des Lernens sind wissenschaftliche Gesetze; deshalb funktioniert das Clickertraining. Die Technik des Clickertrainings - die Regeln, die wir entdecken, wenn wir mit dem Clicker trainieren - sind bis heute nicht völlig verstanden. Erreicht man mit dem Clicker ein schnelleres Ergebnis als mit einem gesprochenen Wort? Ja, das wissen wir aus Erfahrung von all den Menschen, die Gruppen unterrichtet haben mit einem Wort als Markersignal oder alternativ mit dem Clicker. Sie haben herausgefunden, dass sowohl die Hunde als auch ihre Besitzer die neuen Verhaltensweisen mit dem Clicker in der Hälfte der Zeit lernten. Wir wissen, dass das so ist, können aber noch nicht sagen warum.

Am allerwichtigsten ist es, dass Clickertraining sowohl den Hunden als auch deren Ausbildern Spaß macht.

Dann sind da noch die Nebeneffekte des Clickertrainings, wie die sichtliche Aufregung und Begeisterung des Lernenden, und die möglichen Veränderungen in der Gehirnaktivität und in den Blutwerten. Viele junge Forscher, ganz besonders eine Gruppe von Studenten an der Universität von Nord Texas, erforschen diese und andere Fragen, die sich beim Clickertraining ergeben; eines Tages werden wir Antworten auf unsere Fragen haben.

Was wir jetzt schon haben, sind die Beobachtungen von tausenden von Leuten, die zu Clickertrainern wurden - die Ergebnisse festgestellt und beschrieben haben, nicht nur bei denen, die sie unterrichten, sondern auch bei sich selber. Im Folgenden einige Dinge, die die Leute für sich entdecken:

Egal, ob man mit einem Tier, einem Menschen oder einer Gesellschaft arbeitet, das, was man beim Clickertraining lernt, sorgt dafür, dass man in einer neuen Art und Weise reagiert. Es wird normal für einen, dass Verhaltensweisen in kleinen Schritten aufgebaut werden müssen und nicht mit einem Mal. Man hört auf zu schnell zu viel zu erwarten und sucht nach Gelegenheiten etwas zu finden, was man verstärken kann - und so kommt man in Wirklichkeit viel schneller zu Ergebnissen.

Wenn man ein Verhalten sieht, das man nicht mag, stürzt man als Clickertrainer nicht hin, um es zu verhindern oder zu beenden, sondern man sieht das Ganze eher als eine Gelegenheit zum Training: Was muss der Lernende wissen? Was fehlt noch? Durch was könnte man dieses schlechte Verhalten ersetzen? Man versucht nicht, Leuten mit Wut und Drohungen zu begegnen, auch wenn man das früher vielleicht so gemacht hat. Man versucht es auch nicht mit Meckern und Nörgeln. Schließlich kennt man eine bessere Möglichkeit: nämlich das verstärken, was man mag, anstatt das anzugreifen, was man nicht mag. Manche Leute reden von einem »Verinnerlichen« des Clickertrainings. Andere sagen, wenn man erst einmal dazu übergewechselt ist, kann man nicht mehr zurück. Wieder haben wir hier eine Menge unbeantworteter Fragen; jedoch wird Ihnen jeder Clickertrainer bestätigen, dass diese neue Technik mehr ist, als nur eine Vereinfachung in der Ausbildung. Die Erfahrungen, die man mit dem Clickertraining macht, bedeuten für einen selber, für das Tier und vielleicht auch für andere Menschen, mit denen man es zu tun hat, weniger Stress und mehr Spaß im Leben. Click!

WO GIBT ES GLEICHGESINNTE?

Viele Hundeschulen bieten heute schon Kurse zum Thema Clickertraining an. Viele von ihnen inserieren in Hundezeitschriften.

Im Internet gibt es mehrere Diskussionsforen, in denen Sie Ihre Erfahrungen mit Gleichgesinnten austauschen können, so zum Beispiel unter der Adresse http://www.clicker.de.

WO BEKOMMT MAN CLICKER?

Clicker bekommt man inzwischen in den meisten guten Zoofachgeschäften und in den verschiedenen Versandhäusern, die sich auf Heimtierbedarf spezialisiert haben. Ein »Knackfrosch« für Kinder aus dem Spielzeugladen oder der Kirmesbude tut es aber auch.

ZUM WEITERLESEN

Lust auf mehr? Dann lesen Sie doch mal das Buch
... darf ich bitten? Dogdancing - die faszinierende Sportart mit dem Hund
von Viviane Theby und Michaela Hares.
Die beiden Autorinnen haben sich jede Menge spannende und lustige Übungen ausgedacht, die Sie (wenn Sie möchten) zu einem ganzen »Tanz« mit dem Hund zusammensetzen können. Aber auch für sich alleine genommen machen sie einen Riesenspaß. Die Anwendung des Clickers zum Einüben der Figuren wird jeweils ausführlich erklärt.
ISBN 3-933228-40-9, EUR 15,00 (D)
Kynos Verlag, Mürlenbach
www.kynos-verlag.de

Viviane Theby & Michaela Hares

...darf ich bitten?

Mein Hund als *Tanz*partner
Dogdancing – die faszinierende
Sportart mit dem Hund

KYNOS SPIEL & SPORT

**Viviane Theby &
Michaela Hares**

... DARF ICH BITTEN?

Möchten Sie gerne mehr zusammen mit Ihrem Hund unternehmen? Ist der übliche Hundesport nicht das Richtige für Sie? Dann fragen Sie doch mal Ihren Hund, ob er vielleicht gerne tanzt. Wir sind sicher: er ist begeistert! »Dogdancing« ist mehr als nur eine Modewelle. Es bietet eine faszinierende Möglichkeit, Freizeit sinnvoll zu gestalten – und zwar sowohl für den Menschen als auch für den Hund! Viele Verhaltensauffälligkeiten bei Hunden haben ein und dieselbe Ursache: Langeweile und Unterforderung! Wie Sie aus einem »arbeitslosen« Jagd- oder Hütehund einen begeisterten Tänzer machen, zeigen Ihnen die Autorinnen anschaulich in diesem Band. Schritt für Schritt wird erklärt, wie Sie die einzelnen Schritte und Bewegungen aufbauen und schließlich zu Ihrer eigenen kleinen Choreographie zusammenfügen.

Tanzen kann jeder Hund, vom Mischling bis zum Border Collie, egal ob jung oder alt. Es ist für jeden etwas dabei! Neben dem Spaß, den Sie garantiert haben werden, verbessern Sie ganz nebenbei auch Gehorsam, Mitarbeit und Motivation Ihres Hundes ganz erheblich.

Wann also fragen Sie Ihren Hund ...darf ich bitten?

ISBN 3-933228-40-9, 120 Seiten, ca. 60 Farbfotos,€ 15,-- (D)

KYNOS VERLAG MÜRLENBACH